La Sagesse et l'Adversité
Yann Opsitch

Une parole porteuse de guérison est un arbre de vie,
Tandis que la langue perverse brise le coeur.
- Proverbe de Salomon

Editions Horizons Chrétiens
P.O. Box 1537, Abilene, TX 79604
ETATS-UNIS

Edition originale:
Copyright © 2013
Yann Opsitch
Tous droits réservés

ISBN : 978-0-615-80127-8

Couverture et mise en page : Sarah Clower

Photo : waterdrop-2906, PublicDomainPictures.jpg
Editeur : editionshc@gmail.com
Texte biblique de la Bible Version Segond 21
Copyright © 2007 Société Biblique de Genève

Reproduit avec aimable autorisation. Tous droits réservés

Table des Matières

Introduction..4

1. L'inconsistance...................................6

2. L'avenir 11

3. La sagesse 20

4. La solitude..33

5. Les fardeaux.....................................50

6. Les conflits.......................................58

7. La solidité 72

8. L'éternité..79

Introduction

Près de mille ans avant Jésus-Christ, Salomon regardait le monde autour de lui et disait : « Comble de l'inconsistance, comble de l'inconsistance, tout n'est que fumée ! Quel avantage l'homme retire-t-il de toute la peine qu'il se donne sous le soleil ? » [1]

Ce grand sage posait déjà les questions que nous nous posons aujourd'hui : A quoi sert-il de vivre ?

Pourquoi tant d'injustices ? Face à l'adversité, aux souffrances, comment devons-nous vivre et à quoi tout cela aboutira-t-il ?

Pouvons-nous connaître notre avenir, y entrevoir de quoi sera faite notre vie dans les mois, les années à venir ?

Comment vivre face à la solitude alors que nous portons chaque jour de pesants fardeaux ? Où pourrons-nous trouver une certaine sagesse face aux conflits qui empoisonnent notre existence ?

Où trouver l'espoir ?

Un livre très ancien mais en même temps très actuel, la Bible, apporte des réponses étonnantes à toutes ces questions.

On peut se procurer la Bible dans pratiquement n'importe quelle librairie. Le texte intégral en est disponible sur de très nombreux sites internet (par exemple, www.info-bible.org/).

On peut tenir la Bible dans la paume de la main.

Pourtant, ce livre comporte en fait soixante-six livres, écrits par quarante auteurs au long d'une période de 1500 années. Trente-neuf de ces livres ont été écrits avant la naissance de Jésus. Les livres qui suivent ont été écrits après la naissance de Jésus et rendent témoignage à sa vie.

Chaque livre de la Bible comporte des chapitres et des versets. C'est à ces chapitres et versets que se rapportent les chiffres indiqués dans les citations (par exemple, Jean 3.16 signifie livre de Jean, chapitre 3 et verset 16).

Les lecteurs trouveront de nombreuses références aux textes bibliques à travers les pages qui suivent. Ces références sont regroupées à la fin du livre.

Les pages qui suivent peuvent aussi servir de point de départ pour des discussions en groupe. D'où les questions qui font suite à chaque chapitre.

Chapitre 1. l'Inconsistance

Ce mercredi matin de mai resterait à jamais gravé dans la mémoire de François. En marchant vers son bureau, il songeait qu'il lui avait fallu trente années pour obtenir un poste de cadre, responsable pour toute une partie de la région parisienne.

Parvenu dans son bureau, situé au sommet de l'immeuble de quinze étages, il s'assit confortablement et sortit de son porte-document le courrier de la veille.

La première enveloppe qu'il ouvrit venait du siège social. Dès qu'il put en lire les premiers mots, François sut que sa vie allait basculer :

Comme vous le savez notre société procède actuellement à une réorganisation budgétaire indispensable. Ayant envisagé plusieurs solutions pour le manque à gagner de notre société depuis plus d'un an, nous sommes dans l'obligation de nous séparer de plusieurs de nos collaborateurs pour respecter les décisions prises quant à notre nouvelle organisation budgétaire. Dès le mois de juillet nous devrons malheureusement nous passer de vos services. Il va sans dire que ...

Il n'y a pas de logique à l'adversité. Elle frappe les bons et les méchants, les justes et les injustes, les pauvres et les riches. Elle fait partie de ce « tout » qui est « fumée », dont parle Salomon : « J'ai constaté que tout n'est que fumée et revient à poursuivre le vent. »[2] Le même sort est réservé au sage et au stupide, s'écrie le sage.[3] (La Bible, livre de l'Ecclésiaste chapitre 1).

Voilà donc ce que constate Salomon :

Il y a une réalité qui n'est que fumée et qui se produit sur la terre : il y a des justes qui sont traités d'après la manière d'agir des méchants et des méchants qui sont traités d'après la manière d'agir des justes. Je dis que cela aussi c'est de la fumée.[4]

Comble de l'inconsistance, dit l'Ecclésiaste, comble de l'inconsistance, tout n'est que fumée ! Ecclésiaste 1.1, 2.[5]

Salomon voit bien que « tout n'est que fumée », mais il ne relègue pas Dieu au rang de ce qu'il voit comme « fumée ».

Au contraire, rechercher Dieu, s'efforcer de le connaître, constituent les premiers pas vers la sagesse : « Souviens-toi de ton créateur durant ta jeunesse, avant l'arrivée des jours mauvais, avant d'atteindre les années où tu diras : 'Je n'y prends aucun plaisir.' (…) En effet, Dieu amènera toute œuvre en jugement, et ce jugement portera sur tout ce qui est caché, que ce soit bon ou mauvais. »[6]

Pour Salomon, le manque d'amour dont nous faisons l'expérience ne doit pas nous faire penser qu'il n'y a pas d'amour chez Dieu ; le manque de justice dont nous sommes témoins ne doit pas nous pousser à conclure que Dieu manque de justice.

Ceux qui pleurent

Bénissez ceux qui vous persécutent, bénissez et ne maudissez pas. Réjouissez-vous avec ceux qui se réjouissent, pleurez avec ceux qui pleurent. Romains 12.14

La Bible nous enseigne à respecter la douleur. On ne peut mépriser ceux qui souffrent et ne reçoivent aucune réponse face à leur peine. On doit plutôt accompagner et soutenir par notre aide, notre présence, notre amour, celles et ceux qui doivent faire face à l'adversité ou qui sont plongés dans le deuil.

Héman est comme assommé par la douleur, l'épreuve. Il crie jour et nuit devant l'Eternel mais n'obtient pas de réponse. Son âme est saturée de malheurs. Il est comme un homme qui n'a plus de force. Jeté dans un gouffre profond, dans les ténèbres, dans les abîmes, ses yeux sont usés par la souffrance. Tous les jours il tend les mains vers Dieu et dit : « Pourquoi, Eternel, me rejettes-tu ? Pourquoi me caches-tu le visage ? Je suis malheureux et mourant depuis ma jeunesse, je subis tes terreurs et je suis bouleversé. » (Psaumes 88.15, 16).

La douleur humaine doit s'exprimer. Elle le fait dans la lamentation, dans les pleurs, dans les cris que l'on adresse à Dieu, voire aux êtres humains qui nous entourent.

Le livre de Job (22e livre de la Bible) nous parle d'un homme qui a le sentiment d'avoir été jeté dans la boue, d'avoir été oublié de Dieu : « Dieu m'a jeté dans la boue et je ressemble à la poussière et à la cendre. Je t'appelle au secours, mais tu ne me réponds pas. Je me tiens debout, mais tu te bornes à me regarder. » [7]

Ses amis viennent vers lui mais ne peuvent supporter ses plaintes. Ils ont vite fait de le juger. Ils veulent lui donner des conseils qu'ils jugent utiles. Mais sont-ils capables de se mettre à sa place ? Peuvent-ils faire l'effort de comprendre ce qu'il ressent au plus profond de son être, de son corps ?

Par leurs raisonnements, par leur souci de logique, les amis de Job ont aggravé la peine de celui qui souffre et qui n'a aucune explication pour ses souffrances.

Dieu leur fait des reproches pour ne pas avoir agi en consolateurs, pour n'avoir pas su comment se comporter face au malheureux ; et même pour n'avoir pas bien parlé de Dieu : « L'Eternel dit à Eliphaz de Théman : "Je suis en colère contre toi et contre tes deux amis parce que vous n'avez pas parlé de moi correctement comme l'a fait mon serviteur Job." »[8]

Jérémie songe à Jérusalem détruite et livrée à l'ennemi. Il dit à propos de la ville de David : « Elle pleure durant la nuit et ses joues sont couvertes de larmes. Parmi tous ceux qui l'aimaient, pas un ne la console. »[9]

La sagesse de Dieu nous dicte le plus grand respect face au chagrin, face à ceux qui ont perdu leur emploi et ne savent ce que leur réserve l'avenir, face à ceux qui ont perdu un être cher. Elle nous enseigne la compassion et la tendresse envers celles et ceux qui ont perdu l'espoir.

L'être humain ne cesse de se demander d'où il est venu, pourquoi il est là et quelle est la finalité de son existence.

Il s'interroge en particulier sur son avenir.

Questions sur le Chapitre 1

1. La Bible enseigne que le monde est injuste. Comment peut-on concilier cet enseignement avec l'amour de Dieu, sa justice ?

2. La douleur humaine doit s'exprimer. Pensez-vous qu'il y ait une limite à l'expression de la douleur ? Si non, pourquoi ? Si oui, quelle est cette limite ?

3. En Job. la sagesse biblique nous enseigne à savoir comment ne pas réagir au malheureux, à la réalité du deuil et de la souffrance. Pouvez-vous en donner quelques exemples ?

4. Pourquoi Dieu a-t-il fait des reproches aux amis de Job ?

Chapitre 2. l'Avenir

L'avenir

Les paroles des sages sont pleines de grâce, tandis que les lèvres de l'homme stupide causent sa perte ; dès le début, ce qu'il profère n'est que folie, et la fin de son discours est plus délirante encore. Le fou multiplie les paroles. Pourtant, l'homme ne sait pas ce qui arrivera, et qui peut lui annoncer ce qui existera après lui ? Ecclésiaste 10.12

Avez-vous l'habitude de lire les horoscopes ? Aimeriez-vous connaître votre avenir ? Pensez-vous que cette connaissance vous permettrait de mieux surmonter les peines de l'existence ou de retrouver l'espoir ?

La météo a son utilité mais il n'existe pas de météo infaillible. Les modèles économiques ont leur place dans la gestion des affaires mais aucun de ces modèles n'est infaillible ; aucun de ces modèles n'est à l'abri des surprises ou d'événements inattendus.[10]

L'imprévisible est une dimension importante de notre monde « inconsistant ». Comment pouvons-nous trouver la paix face à cet avenir qui peut nous réserver tant de mauvaises surprises ?

La Bible raconte l'histoire d'un roi de Babylone

qui voulut absolument connaître le sens d'un rêve qu'il avait fait. Il fit appel à Daniel, un jeune Israélite captif et réputé pour sa sagesse. Le roi voulut s'assurer de sa compétence et lui demanda de lui décrire son rêve.

Comment Daniel aurait-il pu connaître le rêve de ce roi ? Il dit au roi : « Ce que le roi demande est un secret que les sages, les astrologues, les magiciens et les devins ne sont pas capables de lui révéler. Cependant, il y a dans le ciel un Dieu qui dévoile les secrets et qui a fait connaître au roi Nébucadnetsar ce qui arrivera dans l'avenir. » [11]

Ayant dévoilé au roi son rêve, Daniel dit à ce dernier : « Si ce secret m'a été dévoilé, ce n'est pas parce qu'il y aurait en moi une sagesse supérieure à celle de tous les êtres vivants, mais c'est afin que l'explication te soit donnée, roi, et que tu connaisses ce qui trouble ton cœur. » [12]

Mais l'intelligence humaine n'est-elle pas capable de déceler ce que nous réserve l'avenir ?

Il est vrai que Dieu a doté chacun d'entre nous d'une intelligence capable, jusqu'à un certain point, d'évaluer ce qui pourrait arriver dans l'avenir. En même temps, la sagesse biblique nous montre les limites de cette forme d'intelligence.

Pourquoi ne pas faire appel aux astrologues et aux devins pour nous dévoiler l'avenir ? Dieu l'interdit. Il les nomme aux côtés de ceux qui pratiquent la sorcellerie et qui consultent les esprits ou les morts.

Ces pratiques nous entraînent loin de la sagesse et nous placent sur un terrain psychologiquement et spirituellement dangereux, celui des pratiques occultes :

Lorsque tu seras entré dans le pays que l'Eter-

nel, ton Dieu, te donne, tu n'apprendras pas à imiter les pratiques abominables de ces nations-là. Qu'on ne trouve chez toi personne qui fasse passer son fils ou sa fille par le feu, personne qui exerce le métier de devin, d'astrologue, d'augure, de sorcier, de magicien, personne qui consulte les esprits ou les spirites, personne qui interroge les morts (…) En effet, les nations que tu vas chasser écoutent les astrologues et les devins, mais à toi, l'Eternel, ton Dieu, ne le permet pas. L'Eternel, ton Dieu, fera surgir pour toi et du milieu de toi, parmi tes frères, un prophète comme moi : c'est lui que vous devrez écouter. **Deutéronome 18.9-15**

Voici ce que dit l'Eternel : N'imitez pas la conduite des nations, ne vous laissez pas effrayer par les signes du ciel parce que les nations sont effrayés par eux. En effet, les coutumes des peuples sont vides de sens. **Jérémie 2,3**

La confiance et l'avenir

Lorsque nous songeons à l'avenir, nous devons tout d'abord considérer l'importance de nos choix, de nos décisions personnelles aujourd'hui même.
Ces choix, ces décisions personnelles, doivent se fonder sur la parole de Dieu qui nous dit : « J'ai mis devant toi la vie et la mort, la bénédiction et la malédiction. Choisis la vie afin de vivre, toi et ta descendance. »[13]

C'est aussi pour cela que Jésus dit : « Je suis venu afin que les brebis aient la vie et qu'elles l'aient en abondance » (Jean 10.10). La vie en abondance nous est d'ores et déjà promise, pour le présent et pour l'avenir. Mais pour recevoir cette vie nous devons écouter Jésus et le suivre dans le moment présent.

La sagesse consiste aussi à bannir l'inquiétude de nos vies. L'inquiétude n'ajoute rien à la qualité ou à la valeur de notre vie ; au contraire, elle nous enlève notre vitalité, notre capacité à faire face à l'adversité : « Qui de vous peut, par ses inquiétudes, ajouter un instant à la durée de sa vie ? Si donc vous ne pouvez rien faire, même pour si peu, pourquoi vous inquiétez-vous du reste ? » (Luc 12.25, 26).

Mais Comment pouvons-nous être confiants face à l'avenir ? Nous suffira-t-il de simplement « voir les choses du bon côté » ? Est-ce là le sens des paroles de Jésus lorsqu'il dit : « Ne vous inquiétez pas du lendemain, car le lendemain prendra soin de lui-même. A chaque jour suffit sa peine » ?[14]

Jésus n'encourage jamais l'irresponsabilité ou la paresse. Il ne dit même jamais que nous devons être démunis de tout. Il nous enseigne à être responsables dans notre gestion de l'argent et des biens matériels. Voir Matthieu 25.14-30 ; Luc 16.1-9 ; Proverbes 17.16 ; 21.25, 26.

L'inquiétude dont parle Jésus concerne la condition de notre cœur ; elle touche à ce que nous aimons en tout premier lieu : « En effet, là où est ton trésor, là aussi sera ton cœur. »[15] Nous ne pouvons pas servir deux maîtres ; nous ne pouvons pas servir Dieu et l'argent (Matthieu 6.24-25). Tôt ou tard, nous finirons par nous attacher à l'un et mépriser l'autre.

Jésus parle ici de l'amour de l'argent qui est un problème majeur. Ceux qui s'y adonnent, écrit Paul, « s'infligent à eux-mêmes bien des tourments. »[16]

Combien de gens consultent les horoscopes tout en jetant leur argent durement gagné dans une multitude de jeux de hasard, espérant éventuellement qu'ils vont devenir riches. Ils vivent suspendus aux caprices du « hasard ». Ils s'imaginent qu'avec quelques millions ils pourront enfin vivre en paix, sans inquiétude. Pourtant, s'ils gagnaient des millions ces derniers ne feraient qu'enclencher de nouvelles raisons d'être inquiet et ne produiraient pas le résultat escompté.

Il n'est pas sage d'attendre de l'argent ce qu'il n'est pas en mesure accomplir.

Le passé laisse entrevoir l'avenir.

Le passé peut nous aider à faire face à l'avenir.

Les événements du passé peuvent servir d'avertissement pour le présent, et même pour l'avenir :

Or ces faits sont arrivés pour nous servir d'exemples afin que nous n'ayons pas de mauvais désirs comme eux en ont eu (…) Ne nous livrons pas non plus à l'immoralité sexuelle comme certains d'entre eux l'ont fait, de sorte que 23,000 sont tombés en un seul jour. (…) Ne murmurez pas comme certains d'entre eux l'ont fait, de sorte qu'ils sont morts sous les coups du destructeur. Tous ces faits leur sont arrivés pour servir d'exemple, et ils ont ete écrits pour notre instruction… 1 Corinthiens 10.6-8

Les décisions prises dans le passé pourront nous donner un aperçu de ce qu'une personne fera dans l'avenir.

Une jeune fille qui commence à fréquenter un jeune homme devrait s'intéresser au passé de celui-ci ; elle a le droit savoir si, dans le passé, ce jeune homme a agi d'une manière responsable. Cette approche est en accord avec la sagesse biblique et s'avère plus sûre que celle qui consiste à consulter des horoscopes.

Il est vrai que quelqu'un peut toujours choisir de se repentir, de vivre autrement et prendre une nouvelle direction. D'ailleurs, c'est à ce changement profond auquel la Bible nous appelle. Sans cela, nous dit Jésus, ceux qui ont fait le mal continueront à le faire et ils périront ! (Luc 13.3).

Dieu veut que « tous se repentent »[17] et nous devons vouloir la même chose. Cette repentance, si elle est authentique, produira du fruit ; elle entraînera un changement visible :

Un bon arbre ne porte pas de mauvais fruits ni un mauvais arbre de bons fruits. En effet, chaque arbre se reconnaît à son fruit. On ne cueille pas des figues sur des ronces et l'on ne vendange pas des raisins sur des ronces. L'homme bon tire de bonnes choses du bon trésor de son coeur, et celui qui est mauvais tire de mauvaises choses du mauvais [trésor de son coeur]. En effet, sa bouche exprime ce dont son coeur est plein. (Luc 6.43,49)

Dieu a parlé par les prophètes d'Israël

Apres avoir autrefois, à de nombreuses reprises et de bien des manières, parlé à nos pères par les prophètes, Dieu, dans ces jours qui sont les derniers, nous a parlé par le Fils. Hébreux 1.1, 2

Dieu a fait connaître sa volonté et même l'avenir à travers ses prophètes. Ces révélations sont toutes contenues dans les livres de la Bible. A cet égard nous devons prendre garde à ne pas faire dire à Dieu ce qu'il n'a pas dit, à ne pas ajouter aux paroles données par Dieu dans la Bible : « N'ajoute rien à ses paroles ! Il te reprendrait et tu apparaîtrais comme un menteur. » (Proverbes 30.6).

L'adversaire de Dieu a arraché l'homme et la femme au paradis. Il utilise maintenant toutes sortes d'arguments pour les tenir éloignés de ce paradis !

La sagesse consiste à savoir écouter la voix de Dieu qui nous aime.

Bien souvent, lorsque les gens entendent parler des promesses de Dieu, de son pardon, de la vie éternelle, ils regardent leur propre vie et se disent aussitôt que ce message n'est pas pour eux, qu'ils ne méritent pas d'aller au ciel. Ces gens pensent avoir fait trop de bêtises ! L'idée que le salut est un don gratuit leur semble une anomalie, quelque chose d'étrange, voire d'injuste.

L'immensité de l'amour de Dieu

Lorsque nous avons perdu ce qui était le plus précieux à nos yeux, ne sommes-nous pas disposés à tout pour le retrouver ? Et si nous le retrouvons dans un mauvais état, ne sommes-nous pas disposés à le récupérer quand même afin de pouvoir le réparer, le restaurer ?

Nous venons à Jesus non parce que nous en sommes dignes mais parce que nous sommes désirés par lui.

Il nous a créés, mais il nous a perdus. Il nous attend et désire notre retour vers lui. Il veut restaurer ce qui a été abîmé dans notre vie. C'est la raison pour laquelle il dit : « Car Dieu a tant aimé le monde qu'il a donné son Fils unique afin que quiconque croit en lui ne périsse pas mais ait la vie éternelle. » (Jean 3.16).

En dehors de Jésus, seul être humain à avoir vécu sans péché, la Bible n'admet aucune exception à ce constat : « Tous ont péché et sont privés de la gloire de Dieu. »[18] Mais l'Evangile est l'offre du pardon, du salut de Dieu, par la mort de Jésus sur la croix pour nous. L'espérance de vivre éternellement avec Dieu est une grâce, c'est-à-dire un don :

Mais Dieu est riche en compassion. A cause du grand amour dont il nous a aimés, nous qui étions morts en raison de nos fautes, il nous a rendus à la vie avec Christ — c'est par grâce que vous êtes sauvés —, et il nous a ressuscités et fait asseoir avec lui dans les lieux célestes, en Jésus-Christ. » Ephésiens 2.4-7

Questions sur le Chapitre 2

1. Etes-vous d'accord sur l'affirmation selon laquelle l'imprévisible est une dimension importante de l'existence ? Pouvez-vous en donner des exemples.

2. Qu'est-ce qui peut expliquer le désir des êtres humains à vouloir connaître leur avenir ?

3. La Bible prohibe le recours à l'astrologie. Selon vous, quelles peuvent être les raisons de cette interdiction ? D'un point de vue chrétien, peut-on considérer qu'un clin d'œil à l'horoscope de temps en temps est sans gravité. Justifiez votre réponse.

4. Selon vous, existe-t-il un rapport entre les biens matériels et les inquiétudes ?

5. A votre avis, pourquoi a-t-on souvent compris l'enseignement de Jésus comme un appel à

vivre dans le dénuement ? Etes-vous d'accord ou non avec cette manière de voir ? Pourquoi ?

6. Comment le passé nous laisse-t-il entrevoir l'avenir ? L'ignorance de l'histoire peut-elle avoir des conséquences sur notre vie présente et future ? Expliquez votre réponse.

7. Que dire à ceux qui pensent qu'ils ne sont pas dignes du salut de Dieu ?

Chapitre 3. La Sagesse

Au commencement, Dieu créa le ciel et la terre.
Genèse 1.1

**C'est par la sagesse que l'Eternel a fondé la terre, c'est par l'intelligence qu'il a affermi le ciel ; c'est par sa connaissance que les abîmes se sont ouverts et que les nuages distillent la rosée.
Proverbes 3.19**

La vie sur cette terre dans toute sa complexité est-elle apparue spontanément ou bien a-t-elle été voulue par Dieu ? Est-il plus difficile de croire que la complexité vient de ce qui est encore plus complexe ou bien de croire que la complexité s'est constituée à partir du non complexe ?

Les probabilités d'une apparition de la vie par hasard sont inexistantes au regard de la science actuelle.

Le célèbre chimiste et microbiologiste Louis Pasteur (1822-95) avait déjà entrepris des travaux scientifiques qui l'avaient conduit à exclure la possibilité d'une génération spontanée de la vie.[19] L'astronome Frederick Hoyle était un fervent défenseur de la théorie d'une apparition spontanée de la vie jusqu'à ses travaux relatifs aux probabilités mathématiques d'une telle apparition spontanée de la vie. Il changea d'avis au cours des années soixante-dix lorsqu'il découvrit les probabilités d'une génération spontanée des protéines d'une seule amibe : une chance sur $10^{40\,000}$: une impossibilité mathématique ! (Notons qu'un événement ne peut jamais avoir lieu s'il existe seulement une chance sur 10^{50} pour qu'il se produise !)[20]

La beauté et la complexité de la création démontrent la sagesse, la science, l'intelligence à l'origine de notre monde : « Quand je contemple le ciel, œuvre de tes mains, la lune et les étoiles que tu y as placées, je dis : 'Qu'est-ce que l'homme pour que tu te souviennes de lui, et le fils de l'homme, pour que tu prennes soin de lui ?'» (Psaumes 8.4, 5).

Constitué physiquement des atomes de la matière, l'être humain a reçu de Dieu la capacité de penser, d'inventer. Il est doué notamment de cette chose étonnante qu'est le langage. Il peut, en pensée, se plonger dans le passé et, dans certains cas, entrevoir l'avenir. Il a été créé à l'image de Dieu. Il est lui-même une démonstration de la sagesse, de la science de Dieu.

La sagesse définie

Betsaleel était rempli d'habileté, d'intelligence et de savoir-faire pour toutes sortes de travaux. Exode 31.2

L'Eternel me possédait au commencement de son activité, avant ses œuvres les plus anciennes. J'ai été établie depuis l'éternité, dès le début, avant même que la terre existe. Proverbes 8.22

La Bible présente le travail manuel bien fait ou l'œuvre artistique comme une œuvre de « sagesse

». Betsaleel façonnait l'or, l'argent, le bronze. Il était graveur de pierres et sculptait le bois et réalisa toutes sortes de travaux pour la construction du Tabernacle.

Betsaleel était rempli d'habilité, de « sagesse »[21] — sagesse toute particulière qui lui permettait d'être un artisan, un artiste au service de Dieu. Jésus était charpentier.[22] Plusieurs de ses disciples exerçaient la profession de pêcheurs. Paul était un érudit parlant plusieurs langues. Il avait étudié aux pieds de Gamaliel, un célèbre docteur de la loi.[23] Comme c'était la coutume pour tous ceux qui devaient se consacrer à l'enseignement de la Tora, il avait suivi un apprentissage dans un métier manuel. Il était fabricant de tentes.[24]

Le mot « sage » (hébreu, hakham) évoque la capacité de pouvoir distinguer, de pouvoir séparer (par exemple, entre la gauche et la droite, le haut et le bas, le bon et le mauvais). Le peintre doit choisir ses couleurs, le musiciens les sons, l'écrivain les mots.

Les constructeurs d'une maison doivent faire des choix qui permettront à cette maison d'être habitable et de résister aux intempéries : « C'est par la sagesse qu'une maison est construite. »[25] La femme remplie de sagesse du livre des Proverbes met sa confiance en Dieu. Elle fait du bien et non du mal à son mari, tous les jours de sa vie.[26] Elle travaille de ses mains. Elle réussit dans les finances et l'agriculture.[27] Elle « ouvre ses bras au malheureux. »[28] Quand elle parle, c'est avec sagesse. Elle est douée pour enseigner. Elle craint l'Eternel et l'on chantera ses louanges.[29]

La sagesse de cette femme consiste à être capable de faire de bons choix.[30]

La sagesse et la science

Dieu donna à Salomon de la sagesse, une très grande intelligence et des connaissances aussi nombreuses que le sable qui est au bord de la mer (…) Il a parlé des arbres, depuis le cèdre du Liban jusqu'à l'hysope qui sort de la muraille. Il a aussi parlé des animaux, des oiseaux, des reptiles, des poissons. 1 Rois 5.12, 13

La science n'est-elle pas contre l'idée même de Dieu ? Les progrès scientifiques ne montrent-ils pas la supériorité de nos connaissances sur celles des générations passées ? Dans ce cas, pourquoi devrions-nous consulter la Bible, un livre si ancien, pour essayer de comprendre la vie et pour agir avec sagesse ?

La nature peut être comparée à un livre dans lequel Dieu révèle sa puissance et sa sagesse.[31] L'une des prérogatives accordées à l'être humain consiste à pouvoir exercer son intelligence pour comprendre ce livre, pour étudier les lois qui sous-tendent l'ordre du monde et de l'univers. Les progrès dans les connaissances scientifiques constituent la mise en œuvre de cette dimension de la nature humaine.

Dieu est un Dieu d'ordre, de lois, de principes. Il a créé le monde et le fait fonctionner chaque jour selon des lois bien précises : « Il soutient tout par sa parole puissante » (Hébreux 1.3).

Les perfections invisibles de Dieu se voient dans la création :

La colère de Dieu se révèle du ciel contre toute impiété et toute injustice des hommes qui par leur injustice tiennent la vérité prisonnière, car ce qu'on peut connaître de Dieu est évident pour eux, puisque Dieu le leur a fait connaître. En effet, les perfections invisibles de Dieu,

sa puissance éternelle et sa divinité, se voient depuis la création du monde, elles se comprennent par ce qu'il a fait. Ils sont donc inexcusables, puisque tout en connaissant Dieu, ils ne lui ont pas donné la gloire qu'il méritait en tant que Dieu et ne lui ont pas montré de reconnaissance; au contraire, ils se sont égarés dans leurs raisonnements et leur coeur sans intelligence a été plongé dans les ténèbres. Ils se vantent d'être sages, mais ils sont devenus fous. Romains 1.18-22

La Bible parle du monde naturel car c'est dans ce monde que vivent les êtres humains. Toutefois, la parole de Dieu ne vise pas à nous faire comprendre le fonctionnement de tous les phénomènes naturels.

Si c'était le cas, le texte biblique ne pourrait être un message d'une portée universelle, un message destiné à toutes les générations. Il ne pourrait être compris de toutes les générations d'êtres humains puisque le langage scientifique ne reste pas figé dans le temps. Le langage scientifique de l'antiquité (celui, par exemple, du mathématicien Thalès de Milet ou du médecin Hippocrate) n'est pas celui de Galilée ou de Kepler au XVIe siècle ; il n'est pas le langage scientifique de Francis Crick ou Richard Feynman au XXe siècle.

Cela ne signifie nullement que la Bible décrit d'une manière inexacte l'univers et le monde dans lesquels nous vivons. Bien avant les temps modernes, la Bible décrit la terre comme une sphère : « C'est l'Eternel qui siège au-dessus du cercle de la terre ». « C'est lui qui déploie le nord sur le vide, qui suspend la terre sur le vide. » (Esaïe 40.21 ; Job 26.7).

Bien avant qu'ils ne soient découverts par Matthew Maury (1806-73), les courants marins sont évoqués au Psaume 8.9. Le fait que les étoiles sont innombrables n'était pas connu des peuples de l'antiquité. Il s'agit-là une découverte relativement récente dans l'histoire humaine. Pourtant, la Bible constate ce fait dès la Genèse 15.5l ; 17.7.

Ces quelques exemples ne font pas de la parole de Dieu un livre de science moderne mais ils attestent son exactitude lorsqu'elle décrit notre monde.

La science confirme ce que nous constatons tout autour de nous : la complexité de la vie, son agencement et son organisation précises attestent d'une intelligence créatrice comme source de cette vie. La nature rend témoignage au créateur, ainsi que l'affirme la Bible : « Le ciel raconte la gloire de Dieu et l'étendue révèle l'œuvre de ses mains. Le jour en instruit un autre jour, la nuit en donne connaissance à une autre nuit. Ce n'est pas un langage, ce ne sont pas des paroles, on n'entend pas leur son. Cependant, leur voix parcourt toute la terre. » (Psaumes 19.1-5).

Dieu se révèle à travers l'histoire des êtres humains. Il fait alliance avec des hommes, des femmes, un peuple. C'est pour cette raison qu'il est appelé « Le Dieu d'Abraham, d'Isaac et de Jacob. »[31] Il se fait connaître par son interaction avec des hommes et des femmes et non pas au moyen d'une démonstration mathématique ou par des expériences de laboratoire.

Dieu offre la sagesse

Pourquoi dépenser de l'argent pour ce qui ne nourrit pas ? Pourquoi travailler pour ce qui ne rassasie pas ? Esaïe 55.2

Jésus dut chasser du temple ceux qui faisaient

du commerce dans la maison de Dieu. Il dit : « Ne faites pas de la maison de mon Père une maison de commerce. » (Jean 2.13-16).

Dieu n'a rien à vendre. Il ne cherche pas à s'enrichir car tout lui appartient: « C'est à l'Eternel qu'appartient la terre avec tout ce qu'elle contient, le monde avec tous ceux qui l'habitent. » (Psaume 24)[32] Il demande à travers le prophète Esaïe : « Pourquoi dépenser de l'argent pour ce qui ne nourrit pas ? Pourquoi travailler pour ce qui ne rassasie pas ? »[33]

La sagesse est un don, un trésor, un bienfait que la créateur met à la disposition de tous. Et ce don est vraiment gratuit ; le plus pauvre d'entre nous peut le recevoir.

Jésus dit : « En effet, il fait lever son soleil sur les méchants et sur les bons, il fait pleuvoir sur les justes et sur les injustes. »[34] Que l'on soit croyant ou non, méchant ou bon, tous les bienfaits dont nous jouissons viennent de Dieu : famille, emploi, santé, dons artistiques, capacité de lire, de se souvenir, de réfléchir, etc.

Jacques s'écrie : « Ne vous y trompez pas, mes frères et sœurs bien-aimés : tout bienfait et tout don parfait viennent d'en haut ; ils descendent du Père des lumières, en qui il n'y a ni changement ni l'ombre d'une variation. »[35]

Dans une série de questions qu'il pose à Job, Dieu lui rappelle qu'il est l'auteur de toute la création. La sagesse donnée aux hommes fait partie de cette création : « Qui a mis la sagesse au fond du cœur ou donné l'intelligence à l'esprit ? »[36]

Trop de gens s'imaginent qu'ils sont ce qu'ils sont uniquement en vertu d'eux-mêmes ou de leurs efforts. Quel mérite a-t-on d'être né intelligent ou en bonne santé ? Comment peut-on retirer une fierté de ce qui nous a été donné avant même notre naissance ?[37]

Puisque nous devons à Dieu tout ce que nous sommes et tout ce que nous avons, pourquoi ne pas lui demander la sagesse avec foi, avec confiance ?

Recevoir la sagesse

Salomon demanda la sagesse à Dieu et la reçut : « Accorde donc à ton serviteur un cœur apte à écouter pour juger ton peuple, pour distinguer le bien du mal ! » (1 Rois 3.9).

Nous devons tout d'abord désirer, rechercher, avoir « faim et soif » de la sagesse : « Vous tous qui avez soif, venez vers l'eau, même celui qui n'a pas d'argent. »[38] Nous devons la demander : « Si l'un de vous manque de sagesse, qu'il la demande à Dieu, qui donne à tous simplement et sans reproche, et elle lui sera donnée. »[39]

Prier ne signifie pas que nous pouvons délaisser la parole de Dieu, que nous pouvons cesser de l'écouter. Au contraire, la prière nous rend disposés à écouter Dieu encore davantage.

Ecouter

Ecoutez-moi vraiment et vous mangerez ce qui est bon, vous savourerez des plats succulents. Tendez l'oreille et venez à moi, écoutez donc et vous vivrez ! Esaïe 55.2

Comment Dieu donne-t-il la sagesse ?
Il le fait par un enseignement : « Proverbes de Salomon, fils de David, roi d'Israël, pour connaître la sagesse et l'instruction (…) pour donner du discernement à ceux qui manquent d'expérience, de la connaissance et de la réflexion aux jeunes. »[40]

La sagesse ne peut être accordée à ceux qui refusent d'apprendre, d'écouter, de s'instruire : « Que le sage écoute, et il augmentera son savoir ! » ; « Il faut être fou pour mépriser la sagesse et l'instruction. »[41] La parole de Dieu est source de délices et de joies incomparables pour ceux qui l'écoutent : « De mes lèvres j'énumère toutes les sentences que tu as prononcées. J'ai autant de joie à suivre tes instructions que si je possédais tous les trésors. »[42]

Il faut donc se mettre à l'écoute de la sagesse (en hébreu, shama). Mais que veut dire « écouter » ? Les dictionnaires de la langue hébraïque nous rappellent que le verbe « écouter » a le sens d'accepter, d'obéir. Ecouter Dieu, c'est accepter ce qu'il dit et le mettre en pratique. La « foi » qui provient de l'écoute de sa parole nous sauve et nous rend libres lorsqu'elle entraîne une mise en pratique.[43]

Au moment de la création Dieu parle à l'homme et à la femme ; il les invite à écouter sa parole. C'est cette parole que Satan, l'adversaire de Dieu, met en doute : « Dieu a-t-il vraiment dit…? » (Genèse 3.1). Satan leur fait croire que Dieu les trompe, qu'ils seront comme Dieu et ne mourront pas s'ils mangent de l'arbre qui leur est interdit. Satan leur donne l'impression que Dieu leur veut du mal et non du bien. C'est ainsi qu'ils choisissent d'écouter la voix de l'adversaire plutôt que celle de Dieu.

Nous avons la possibilité de revenir à Dieu, à la vie, en nous mettant à l'écoute de Jésus : « Venez à moi, vous tous qui êtes fatigués et courbés sous un fardeau, et je vous donnerai du repos. Acceptez mes exigences et laissez-vous instruire par moi, car je suis doux et humble de cœur, et vous trouverez le repos pour votre âme. En effet, mes exigences sont bonnes et mon fardeau léger. »[44]

La prière

Demandez et l'on vous donnera, cherchez et vous trouverez, frappez et l'on vous ouvrira. Matthieu 7.7

C'est dans le retour à moi et le repos que sera votre salut, c'est dans le calme et la confiance que sera votre force ! Esaïe 30.15

Daniel savait qu'il devait s'adresser à Dieu par la prière pour être sage : « Trois fois par jour il se mettait à genoux, priait et exprimait sa reconnaissance à son Dieu, tout comme il le faisait avant. »[45] Il priait en disant : « Dieu de mes ancêtres, je te dis toute ma reconnaissance et ma louange parce que tu m'as donné la sagesse et la force et parce que tu m'as fait connaître ce que nous t'avons demandé, parce que tu nous as fait connaître ce qui concerne le roi. »[46]

Mais qu'est-ce que la prière ?

C'est tout d'abord un temps que l'on choisit de consacrer à Dieu seul. L'on doit prier « en tous temps » (Ephésiens 6.18) mais il faut aussi savoir se retirer des agitations quotidiennes et du bruit pour chercher Dieu dans le calme et le silence : « L'Eternel, lui, est dans son saint temple. Que toute la terre fasse silence devant lui ! »[47]

Il faut prier avec foi, c'est-à-dire pleinement confiants de la réponse de Dieu.

Si l'un de vous manque de sagesse, qu'il la demande à Dieu, qui donne à tous simplement et sans faire de reproche, et elle lui sera donnée. Mais qu'il la demande avec foi, sans douter, car celui qui doute ressemble aux vagues de la mer que le vent soulève et agite de tous côtés. Qu'un

tel homme ne s'imagine pas qu'il recevra quelque chose du Seigneur : c'est un homme partagé, instable dans toutes ses voies. Jacques 1.5-7

Mais nos demandes n'auront aucun effet si nous n'apprenons pas à le chercher, à lui parler, à l'écouter, dans le calme et la sérénité : [48] « Ne vous inquiétez de rien, mais en toute chose faites connaître vos besoins à Dieu, par des prières et des supplications, dans une attitude de reconnaissance. Et la paix de Dieu, qui dépasse tout ce que l'on peut comprendre, gardera votre cœur et vos pensées en Jésus-Christ. »[49]

Ensuite, la prière vient d'un sentiment de reconnaissance, d'une conviction que nous sommes aimés par celui que nous appelons Père. Les prières de la Bible, et en particulier les prières des Psaumes, sont un appel à la reconnaissance.[50]

Toute demande, toute prière à Dieu, doit venir d'un désir profond de faire sa volonté. Cette vérité est reflétée, par exemple, dans la prière enseignée par Jésus, le « Notre Père ». Jésus dit : « Que ta volonté soit faite sur la terre comme au ciel. »[51]

Ainsi, pour demander la sagesse à Dieu de manière à la recevoir, il faut prier avec foi ; il faut non seulement prier en tous temps mais aussi prendre le temps d'être avec Dieu dans le silence et le calme ; il faut avoir un cœur reconnaissant, un désir profond de faire sa volonté.

L'expérience ou l'enseignement ?

La sagesse ne crie-t-elle pas ? L'intelligence ne parle-t-elle pas tout haut ? (...) La sagesse a construit sa maison, elle a taillé ses sept colonnes. (...) Proverbes 8.1

La sagesse et la folie appellent toutes deux les passants. La folie dit : « Qui manque d'expérience ? Qu'il entre ici ! ».⁵² La sagesse dit : « Vous qui manquez d'expérience, apprenez le discernement ! ».

La folie invite uniquement à faire une expérience. La sagesse invite à la connaissance, à la réflexion. Le désir d'apprendre est au cœur d'une recherche authentique pour recevoir la sagesse.

La sagesse insiste, en disant : « Vous qui manquez d'expérience, apprenez le discernement! Vous qui êtes stupides, apprenez le bon sens ! Ecoutez, car ce que je dis est capital et j'ouvre mes lèvres avec droiture. Oui, c'est la vérité que ma bouche proclame et mes lèvres ont horreur de la méchanceté ».⁵³ En outre, la sagesse fait entendre sa voix « au sommet des hauteurs, à la croisée des chemins, à côté des portes, à l'intérieur des portes, à l'entrée de la ville ».⁵⁴ Cela signifie qu'elle exige d'être consultée pour tous nos choix, toutes nos décisions. Prenons à la légère une simple décision et tout peut s'écrouler ! Bien des conflits, bien des peines, ont leur source dans une seule parole irréfléchie.⁵⁵

L'absence de sagesse est bien souvent responsable des malheurs qui frappent les êtres humains : « Celui qui trouve la sagesse trouve la vie, il a obtenu la faveur de l'Eternel. En revanche, celui qui pèche contre la sagesse se fait du tort à lui-même. » La sagesse avertit les passants et dit : « Tous ceux qui me détestent aiment la mort ».⁵⁶ « Un fils sage fait la joie d'un père alors qu'un fils stupide fait le chagrin de sa mère. »⁵⁷ « Ceux qui accumulent des trésors par la méchanceté n'y trouveront, en fin de compte, aucun profit ; la justice, par contre, a le pouvoir de délivrer de la mort. »⁵⁸ « Dieu repousse l'avidité des méchants. »⁵⁹

Questions sur le Chapitre 3

1. Comment la Bible voit-elle le travail de l'artisan, de l'artiste ?

2. Que signifie le mot « sage » en hébreu ? En quoi cette définition est-elle utile pour comprendre la sagesse biblique ? Pouvez-vous en donner des exemples personnels ?

3. A votre avis, est-ce que Dieu s'oppose à la démarche scientifique ? Ou bien pensez-vous, au contraire, que Dieu nous y encourage ?

4. Pourquoi pensez-vous qu'il faut désirer la sagesse pour la recevoir ?

5. Selon vous, que se passe-t-il lorsque les gens tirent orgueil de leurs capacités ou de leurs dons ?

6. A quoi la sagesse invite-t-elle les êtres humains ?

7. Le manque de sagesse peut-il être cause de souffrances ? Pouvez-vous en donner des exemples.

8. La folie invite uniquement à faire des expériences. Quel est le problème avec cette approche ?

9. Selon vous, comment pouvons-nous prier « en tous temps » ? Pensez-vous qu'il faille demander la sagesse d'une manière régulière, pour les différentes circonstances de la vie ? Justifiez votre réponse.

Chapitre 4. La Solitude

Il n'est pas bon d'être seul

L'Eternel Dieu dit : Il n'est pas bon que l'homme soit seul. Je lui ferai une aide qui soit son vis-à-vis. Genèse 2.18

Que sa main gauche soutienne ma tête et que de sa main droite il m'enlace ! Cantique des Cantiques 8.3

Au moment de la création tout ce que Dieu fait est « très bon ». Les animaux font partie de cette création qui est « très bonne ». Ils viennent vers l'homme qui leur donne un nom.[60]

L'animal s'approche de l'homme mais il n'est pas un « vis-à-vis » avec lequel ce dernier puisse avoir un dialogue, avec lequel il puisse vivre physiquement et spirituellement dans une intimité parfaite.

L'être humain est créé à l'image, à la ressemblance de Dieu.[61] Il a besoin d'une « aide » qui soit son « vis-à-vis ».[62] Le vis-à-vis (hébreu, kenegdo), décrit quelqu'un qui fait face, qui est proche. L'aide (hébreu, Ezer) se rapporte à quelqu'un qui agit, qui intervient en notre faveur, pour notre bien. Le mot ezer évoque, en outre, l'idée de force : Personne ne peut se comparer à Dieu : « Il chevauche le ciel pour venir à ton aide (ezer)... » (Deutéronome 33.26).

La femme est une « aide » et se trouve « vis-à-vis » de l'homme ; cela signifie qu'elle est une source de force pour lui et se trouve dans une relation d'intimité avec lui. Grâce à la femme sage du livre des Proverbes, « son mari est reconnu aux portes de la ville, lorsqu'il siège avec les anciens du pays ». Cette femme sage est « habillée de force et de sagesse ». « Elle ouvre la bouche avec sagesse et un enseignement plein de bonté sur sa langue.»[63] Le texte souligne la force et la sagesse de cette femme ; combien elle contribue au bien-être du couple, du foyer.

Dieu apprend au premier homme que sa femme « est faite des mêmes os et de la même chair » que lui.[65] Jésus reprend ce texte et dit : « N'avez-vous pas lu que le créateur, au commencement, a fait l'homme et la femme et qu'il a dit : C'est pourquoi l'homme quittera son père et sa mère et s'attachera à sa femme, et les deux ne feront qu'un ? Ainsi, ils ne sont plus deux mais ne font qu'un. »[66]

Comment la Bible explique-t-elle ce fait ? Elle le fait en montrant que l'homme doit aimer sa femme « comme son propre corps»; celui « qui aime sa femme s'aime lui-même » car « ils ne font qu'un ».[67] L'homme sage prend soin de sa femme. Il ne se permet jamais de la maltraiter.[68]

L'homme et la femme « ne font qu'un » et se doivent fidélité. D'ailleurs, l'infidélité est une folie : « Celui qui commet un adultère avec une femme manque de bon sens. Il veut se détruire lui-même, celui qui agit de cette manière : il ne trouvera que blessures et déshonneur, et sa honte ne s'effacera pas ».[69] L'infidélité est aussi une forme de maltraitance, une trahison. Dieu prend tellement au sérieux cette question qu'il autorise le divorce lorsqu'il y a infidélité dans le couple (Matthieu 19.9).

Le mariage

Il ne suffit pas que les couples aient un grand désir de réussir. Ceux qui veulent réussir leur vie de couple, leur vie de famille, doivent comprendre qu'une telle vie s'apprend comme on apprend un métier ou un art. Il existe des principes précis et bien connus qu'il faut respecter et qui permettent au couple, à la famille, de vivre dans la joie et l'harmonie.

La sagesse biblique enseigne à ne pas s'engager à la légère dans le mariage puisque celui-ci est un engagement solennel et pour toute la vie. En outre, les enfants sont meurtris dès lors que le divorce s'installe entre le père et la mère. C'est aussi pour cette raison que Dieu déteste le divorce : « Veillez sur votre esprit : que personne ne trahisse la femme de sa jeunesse, car je déteste le divorce, dit l'Eternel, le Dieu d'Israël et celui qui couvre son habit de violence, dit l'Eternel, le maître de l'univers. Veillez sur votre esprit et ne commettez pas cette trahison ! » (Malachie 2.15, 16).

Chère lectrice, cher lecteur, pensez-vous au mariage en ce moment ? La sagesse qui vient de Dieu pourra vous préserver du jeune homme insensé ou méchant, de la femme insensée ou mauvaise.[70]

Quel genre d'homme devez-vous éviter ? C'est l'homme insensé ou méchant dont le livre des Proverbes nous donne de nombreux exemples. Nombre de ces textes décrivent l'homme insensé comme celui qui parle à tort et à travers, celui qui ne sait pas contrôler sa langue : « L'homme au cœur sage fait bon accueil aux commandements, mais celui qui parle comme un fou court à sa perte. » ; « la bouche du fou émet des paroles orgueilleuses, tandis que les lèvres des sages les en préservent. » (Proverbes 10.8 et 14.3 ; voir d'autres citations dans les notes)

Vous voulez vous marier ? Rappelez-vous qu'une bonne communication est essentielle au couple. Si vous ne communiquez pas bien à présent, qu'est-ce qui vous fait croire que cela ira mieux après une cérémonie à la mairie ou à l'église ?

Le livre des Proverbes montre que l'écoute et la prise de parole jouent un rôle vital dans la vie du couple. Notons l'injonction de Jacques : « Ainsi donc, mes frères et sœurs bien-aimés, que chacun soit prompt à écouter, lent à parler, lent à se mettre en colère, car la colère de l'homme n'accomplit pas la justice de Dieu. » (Jacques 1.19)

Il faut prendre le temps de s'écouter, le temps de se parler. Une vie trépidante, sans moments de repos et de réflexion, ne permettra pas au couple de se construire de manière à durer. Il faudra réfléchir tout d'abord à tout ce qui fait entrave à l'écoute de l'autre.

Le mari et sa femme ne sont pas toujours sur la même longueur d'onde. Par exemple, un jour, la femme veut communiquer ses sentiments, ses soucis. Elle ne cherche pas une solution à un problème. Pendant ce temps son mari veut offrir des solutions à ce qu'il estime être un problème pratique. La communication se passe mal car tout ce que l'épouse veut, c'est être comprise et avoir une occasion pour communiquer. Tout ce que le mari veut, c'est résoudre le plus vite possible un problème qui le dérange ou dérange sa femme.

La vie en couple d'un homme et d'une femme a été conçue par Dieu pour être une expérience merveilleuse à laquelle rien n'est comparable. Elle est un avant-goût du paradis où règnent la joie et l'union parfaites avec Dieu. Elle est même le symbole de la relation d'amour entre Dieu et son peuple, entre le Christ et l'Eglise.[71]

Ne pensons pas que cette vision du couple et de la famille soit un idéal qui n'existe pas! Je peux dire qu'à travers les années j'ai connu ou rencontré des centaines de familles qui, en France et à travers le monde, vivent ainsi. Je connais bien des couples qui ont célébré vingt, trente ou cinquante années ou plus de vie conjugale heureuse. La vie de ces couples et ces familles unies n'est pas le fruit du hasard mais constitue l'aboutissement d'une existence, d'une démarche quotidienne, qui se fonde sur la sagesse biblique. Ils peuvent ainsi transmettre à leurs enfants ce qu'ils ont eux-mêmes vécu dans leur mariage.

J'ajoute qu'à travers leurs livres, leurs interventions, leurs sites internet, les conseillers conjugaux et familiaux dont la formation s'inspire de la sagesse biblique peuvent jouer un rôle décisif dans cet apprentissage. *L'Amour à tout prix*, ouvrage de James Dobson, en est un bon exemple.[72]

Les enfants

Dieu les bénit et leur dit : « Reproduisez-vous, devenez nombreux, remplissez la terre... » Genèse 1.28

Les enfants sont une récompense. Psaumes 127.3

Les commandements que je te donne aujourd'hui seront dans ton cœur. Tu les répéteras à tes enfants; tu en parleras quand tu seras chez toi, quand tu seras en voyage, quand tu te coucheras et quand tu te lèveras. Deutéronome 6.5

Une société sans enfants serait comme une terre sans plantes, desséchée, sans charme, sans beauté. Elle serait une société plutôt triste. De nos jours, bien des facteurs poussent les couples à vouloir peu d'enfants ou même à ne pas en vouloir du tout. De plus, ceux qui ont des enfants les ont à un âge de plus en plus avancé.

La présence des enfants est trop souvent ressentie comme une menace à la liberté individuelle, au progrès personnel ; une restriction inacceptable, même au sein des couples. Bien souvent, on ne voit même plus le couple comme étant essentiel au bien-être des enfants. Pour un nombre croissant d'hommes et de femmes, la vie en couple inspire plutôt l'angoisse. On préfère ne pas s'engager pour toute une vie ; on préfère ne pas se promettre fidélité.

Mais est-ce l'engagement du mariage ou même la venue de l'enfant au monde qui sont source d'angoisse ? N'est-ce pas plutôt la vie que nous menons et qui nous pousse au refus de l'engagement, au refus de l'enfant ? Ainsi, le choix de ne pas se marier ou de ne pas avoir d'enfants serait, dans bien des cas, le symptôme d'un mal plus profond lié à l'angoisse que chacun porte en soi. Cette angoisse que l'on ressent tout au fond de soi, pourquoi la voudrait-on la faire partager à ses enfants ? La vie que l'on déteste, pourquoi l'imposerait-on à ses enfants ?

Il est vrai que tous ceux et toutes celles qui ne veulent pas s'engager dans le mariage ou qui refusent d'avoir des enfants ne sont pas nécessairement des angoissés. Dans bien des cas, la raison principale de leur choix provient du manque d'exemples qui leur permettrait d'avoir une perspective différente.

Le mariage ne suffit pas au bien-être des enfants. Trop de couples mariés délaissent leurs enfants et leurs responsabilités. Trop nombreux sont les pères ou mères absents de leur foyer. Ces situations ne font qu'accentuer les mauvaises relations au sein de la famille moderne.

Que devraient comprendre les pères et les mères d'aujourd'hui ?

Tout d'abord, ils ont le droit devant Dieu de diriger leurs enfants moralement et spirituellement ainsi que d'intervenir pour tout ce qui concerne leur éducation. Ils doivent s'impliquer et s'exprimer quant aux programmes scolaires ; maintenir un contact avec les enseignants de l'école.

Les parents ne doivent pas rester neutres face aux questions que se posent leurs enfants. La neutralité morale et spirituelle qu'adoptent certains parents à l'égard de leurs enfants est d'ailleurs un leurre ; cette neutralité n'existe pas car chaque jour les enfants sont exposés, à travers les média, à toutes sortes d'idées qui sont loin d'être moralement neutres !

Le rôle d'un père et d'une mère est de modeler ce que Dieu attend du couple. Pour cela, il leur est nécessaire de se ressourcer spirituellement et de faire appel aux outils de formation qui peuvent être mis à leur disposition.[73]

Le premier outil est d'abord une bonne connaissance de la Bible. En effet, nous voyons à travers les pages de la Bible que Dieu nous connaît très bien, qu'il sait de quoi nous avons besoin. Les récits de la Bible sont toujours d'actualité ; l'interaction de Dieu avec les êtres humains est révélatrice de ce qui est au plus profond du cœur humain. Dieu est un excellent pédagogue. La psychologie des êtres humains ressort dans la vie des personnages bibliques. Nous pouvons très souvent nous identifier à ces personnages qui éclairent notre propre psychologie et nous aident à mieux comprendre notre condition humaine.

Dès le plus jeune âge, les enfants ont besoin de comprendre ce qui plait à Dieu, ce qui est pur, juste et honnête : « Les commandements que je te donne aujourd'hui seront dans ton cœur. Tu les répéteras à tes enfants, tu en parleras quand tu seras chez toi, quand tu seras en voyage, quand tu te coucheras et quand tu te lèveras. » (Deutéronome 6.6, 7).

Au lieu d'être exposés de plus en plus jeunes à la sexualité, les enfants devraient recevoir une formation qui les aide à vivre dans la pureté, à se connaître soi-même, à comprendre les autres. Ils devraient lire des livres qui les aident à mûrir dans la droiture vis-à-vis des autres. Les pères et les mères devraient discuter avec leurs enfants des bénédictions du mariage telles qu'elles sont décrites dans la parole de Dieu. Un jeune est capable de comprendre l'importance de la pureté sexuelle telle qu'elle est enseignée dans la Bible. L'abstinence sexuelle est la seule manière biblique pour se préparer au mariage. Elle est nécessaire à la formation du caractère, à la préparation au mariage.

Il est erroné de penser que les gens qui vivent ensemble sans se marier seront mieux préparés pour affronter le mariage par la suite. Les recherches qui ont été entreprises en ce domaine montrent que les couples les plus harmonieux et solides sont ceux qui n'ont pas fait l'expérience d'une relation sexuelle avant le mariage.

Vivre ensemble avant le mariage favorise en fait le divorce :

« Les couples qui vivent ensemble sans engagement clair et sans avoir imaginé se marier un jour sont plus sujets au divorce. Ils ne se marient pas forcément par envie et pour construire un avenir commun, mais parce qu'ils étaient déjà ensemble et qu'il fallait le faire ».[74]

Les recherches de la sociologue Linda Waite vont dans le même sens.[75]

Un père ou une mère doit se poser la question de savoir si c'est le rôle de l'internet et de la télévision d'éduquer les enfants ou si c'est celui des parents. Ces derniers ont le droit, le devoir même, de prendre les mesures pour limiter ou contrôler l'accès à l'internet. Ils doivent être au courant de ce que leurs enfants regardent et entendent et doivent en parler avec eux ouvertement.

Se préparer au mariage dès le plus jeune âge est une démarche de sagesse qu'il faut encourager et soutenir. Nombreux sont les parents et les jeunes qui n'ont pas eu l'occasion de réfléchir aux implications du mariage. Il faudrait encourager ces derniers à faire tout leur possible pour se former à la vie en couple et à l'éducation des enfants.

Vivre sans enfants

Puis il y a tous ceux, toutes celles, qui aimeraient avoir un ou plusieurs enfants et ne le peuvent pas ; tous ceux qui savent qu'ils seraient capables d'élever une fille ou un garçon mais qui n'ont pas cette joie et ne l'auront peut-être jamais.

Aucun être humain n'est à l'abri des souffrances produites par le sentiment de solitude. Mais la solitude qui finit par ronger le cœur de ceux qui n'ont pas ou ne peuvent avoir d'enfants est peut-être la pire de toutes !

C'est pour cette raison que la sagesse biblique nous incite à désirer les enfants et non pas à les rejeter. Cette sagesse doit nous pousser à rechercher les raisons profondes du refus des enfants ; elle doit nous conduire à tâcher d'y remédier.

Quoi qu'il en soit, bien des couples peuvent aujourd'hui témoigner des joies et des bénédictions qu'apportent les enfants dans un foyer.

La solitude de la veuve, de l'orphelin, de l'étranger

Dieu ne fait pas de favoritisme et n'accepte pas de pot-de-vin, il fait droit à l'orphelin et à la veuve, il aime l'étranger et lui donne de la nourriture et des vêtements. Vous aimerez l'étranger, car vous avez ete étrangers en Egypte. Deutéronome 10.17

Au moment de la création Dieu dit : « il n'est pas bon pour l'homme d'être seul ». L'être humain n'est pas constitué pour vivre en solitaire. Nous avons tous besoin d'amis, d'une famille, d'un père et d'une mère. Sans cela nous sommes seuls et vulnérables dans un monde trop souvent impitoyable envers les plus faibles.

La veuve, l'orphelin et l'étranger sont souvent mentionnés ensemble dans les textes bibliques. Il existe un point commun entre eux : la rupture, la séparation dans une relation humaine ; rupture qui entraine la solitude mais aussi la vulnérabilité.

Les veuves et les orphelins étaient les personnes les plus vulnérables en Israël. La raison en est simple : ils étaient en-dehors du contexte familial — contexte nécessaire au développement harmonieux de tout être humain. L'absence du père ou de la mère (ou des deux) rend l'enfant vulnérable et constitue un obstacle majeur à son développement. Ce n'est pas sans raison que la Bible insiste sur l'attention qu'il faut porter aux veuves et aux orphelins : « La religion pure et sans tache devant Dieu notre Père consiste à s'occuper des orphelins et des veuves dans leur détresse et à ne pas se laisser souiller par le monde. » (Jacques 1.27)

Dieu aime l'étranger et lui donne de la nourriture et des vêtements. L'étranger est l'objet de toute son affection car il est loin de ses racines, loin des siens.

Dieu ne juge pas celui ou celle qui n'a d'autre ressource que de quitter l'environnement cruel et rempli de violence qui l'a vu grandir ; il ne juge pas ceux qui doivent quitter leur pays pour pouvoir survivre ou trouver la paix. Israël doit être une terre d'asile. Le peuple d'Israël doit montrer sa sollicitude envers l'étranger car il a été lui-même étranger pendant plus de quatre-cents ans en Egypte ; puis Dieu l'a délivré et conduit dans un pays « où coule le lait et le miel ».

Dieu ne fait pas de favoritisme. Cela signifie aussi qu'il attend de l'orphelin, de la veuve, de l'étranger, la même fidélité à ses commandements qu'il attend de toute autre personne. Ainsi, dans la Bible, l'étranger qui vient en Israël doit s'engager à vivre dans la justice et la droiture. Il bénéficie des mêmes bienfaits que ceux d'Israël mais il est aussi redevable des mêmes obligations.

L'étranger ne pouvait entrer en Israël et vivre parmi ce peuple sans remplir certaines conditions stipulées dans l'alliance entre Dieu et Israël. Par exemple : « Si un étranger en séjour chez vous célèbre la Pâque de l'Eternel, il se conformera aux prescriptions et aux règles de la Pâque. Vous aurez la même prescription pour l'étranger et pour l'Israelite. » (Nombres 9.14). L'étranger ne pouvait amener ses faux dieux avec lui en Israël : « Jacob dit à sa famille et à tous ceux qui étaient avec lui : "Enlevez les dieux étrangers qui sont au milieu de vous, purifiez-vous et changez de vêtements (…) Ils donnèrent à Jacob tous les dieux étrangers qui étaient en leur possession et les anneaux qui étaient à leurs oreilles." » (Genèse 35.2)

Dans ces textes, l'étranger n'est pas dispensé de se conformer aux règles données par Dieu et qui gouvernent Israël. Il ne faut pas confondre la compassion envers les plus faibles et la complaisance.

Le célibat

Où est allé ton bien-aimé, toi la plus belle des femmes ? De quel côté ton bien-aimé s'est-il dirigé ? Nous le chercherons avec toi. Cantique des Cantiques 6.1

Je suis à mon bien-aimé, et mon bien-aimé est à moi. Cantique des Cantiques 6.3

J'ai ouvert à mon bien-aimé, mais mon bien-aimé s'était retiré, il avait disparu. Je perdais tous mes moyens pendant qu'il parlait ! Je l'ai cherché, mais je ne l'ai pas trouvé. Je l'ai appelé, mais il ne m'a pas répondu. Cantique des Cantiques 5.6

Le Cantique des Cantiques est un chant d'amour. Ce livre de la Bible montre à quel point Dieu attache une importance à l'amour entre l'homme et la femme au sein du couple.

Celles et ceux qui peuvent vivre célibataires et ne pas en souffrir ont reçu un don unique.[76] Mais celles et ceux qui sont contraints au célibat alors qu'ils n'ont pas ce don portent en eux une solitude insupportable. Leur souffrance est bien réelle et devrait toujours être prise en compte.

La solitude et le commandement d'aimer

Si vous aimez ceux qui vous aiment, quelle récompense méritez-vous ? Matthieu 5.46
Et si vous saluez seulement vos frères, que faites-vous d'extraordinaire ? Matthieu 5.47
Soyez donc parfaits comme votre Père céleste est parfait. Matthieu 5.48

La solitude n'est pas simplement un sentiment d'isolement par rapport aux autres. C'est, plus profondément, une aliénation de ce dont nous avons le plus besoin : l'amour authentique.

Qu'est-ce qui caractérise cet amour authentique dont parle Jésus et qui est une manifestation de la sagesse divine?

Tout d'abord, l'amour dont parle Jésus n'est pas contraire aux lois morales ou spirituelles données par Dieu et qui sont immuables. Jésus dit : « Tout homme qui regarde une femme pour la convoiter a déjà commis un adultère avec elle dans son cœur. ». En parlant du meurtre, il dit : « Vous avez appris qu'il a été dit aux anciens : "Tu ne commettras pas de meurtre ; celui qui commet un meurtre mérite de passer en jugement." Mais moi je vous dis : "Tout homme qui se met [sans raison] en colère contre son frère mérite de passer en jugement ; celui qui traite son frère d'imbécile mérite d'être puni par le tribunal, et celui qui le traite de fou mérite d'être puni par le feu de l'enfer." »[77]

Les lois morales et spirituelles données par Dieu visent à l'accomplissement du commandement d'aimer :

En effet, les commandements : Tu ne commettras pas d'adultère, tu ne commettras pas

> de meurtre, tu ne commettras pas de vol, [tu ne porteras pas de faux témoignage,] tu ne convoiteras pas, ainsi que tous les autres, se résument dans cette parole : Tu aimeras ton prochain comme toi-même. L'amour ne fait pas de mal au prochain ; l'amour est donc l'accomplissement de la loi.[78]

L'amour ne fait pas de mal au prochain. L'amour ne commet pas d'adultère, ne commet pas de meurtre, ne vol pas le prochain, ne porte pas faux témoignage contre le prochain, ne convoite pas ce qui est au prochain. L'amour authentique est défini par Jésus en ces mots : « Tout ce que vous voudriez que les hommes fassent pour vous, vous aussi, faites-le de même pour eux, car c'est ce qu'enseignent la loi et les prophètes. » (Matthieu 7.12).

Cette liste de commandements n'est pas exhaustive ; Paul ajoute : « ainsi que tous les autres ». Les péchés contre autrui ne peuvent se résumer à une liste, tout comme l'amour ne peut se résumer à une liste. La Bible mentionne par ailleurs l'employeur qui ne paie pas un salaire décent au travailleur. Il s'agit-là d'un péché contre autrui.[79] La Bible parle aussi de tous les cas où ceux qui détiennent un certain pouvoir sur les autres « ont condamné et tué le juste » sans qu'il puisse résister.[80] Achab s'emparant de la vigne de Naboth en est un exemple (1 Rois chapitre 21).

Celles et ceux qui ne peuvent compter sur aucune compassion, aucune droiture, aucun amour de la part de leur entourage, vivent dans une profonde solitude.

La solitude et les gadgets technologiques

Combien d'heures passons-nous devant l'écran de télévision, de l'ordinateur ou du portable — heures que nous pourrions consacrer à notre épouse, notre époux, nos enfants, nos parents âgés, le voisin qui n'a plus personne au monde ? Alors que nous sommes entourés d'êtres humains qui ont besoin et soif de notre attention, de notre présence, nous sommes, en fait, absents !

Nous avons du mal à avoir des conversations sérieuses et enrichissantes. Nous sommes de moins en moins capables de réfléchir ensemble, de prier ensemble, de chanter ensemble, de rire ensemble.

La sagesse biblique nous encourage à « racheter le temps », à ne pas laisser passer les occasions d'être présents aux autres et de contribuer, ainsi, à leur bien-être et même au nôtre :

Faites donc attention à la façon dont vous vous conduisez : ne vous comportez pas comme des fous, mais comme des sages : rachetez le temps, car les jours sont mauvais. C'est pourquoi ne soyez pas stupides, mais comprenez quelle est la volonté du Seigneur. Ephésiens 5.15, 16

Le rôle de l'Eglise

Le mot « Eglise » signifie « assemblée », « communauté ». Il décrit les croyants, les chrétiens, réunis ensemble pour louer Dieu et le servir. Ces derniers sont « frères » et « sœurs » les uns des autres. Ils sont « membres de la famille de Dieu ».[81] L'Eglise est une « famille » où l'on apprend à vivre les uns avec les autres. Dans cette « famille » nul ne devrait se sentir seul. C'est ainsi que s'accomplit la promesse de Jésus :

Je vous le dis en vérité, personne n'aura quitté à cause de moi et à cause de la bonne nouvelle sa maison ou ses frères, ses sœurs, sa mère ou son père, [sa femme] ses enfants ou ses terres, sans recevoir au centuple, dans le temps présent, des maisons, des frères, des sœurs, des mères, des enfants et des terres, avec des persécutions et, dans le monde à venir, la vie éternelle.[82]

Jésus est venu pour nous réconcilier avec Dieu et avec autrui. « Aimez-vous les uns les autres » est l'exigence la plus centrale à la vie des chrétiens.[83] De nombreuses exhortations reprennent l'expression « les uns les autres » : « nous sommes tous membres les uns des autres » ; « vivez en plein accord les uns les autres » ; « ne nous jugeons donc plus les uns les autres » ; « accueillez-vous donc les uns les autres », etc.

Ainsi, l'amour que nous devons nous porter les uns aux autres est multiforme. Il touche tous les aspects de notre vie. Cet amour « multiforme » est la mise en pratique parfaite de la sagesse divine : « Soyez donc parfaits comme votre Père céleste est parfait. » (Matthieu 5.48).

Questions sur le Chapitre 4

1. Pensez-vous qu'un animal puisse satisfaire le besoin humain de ne pas être seul ? Justifiez votre réponse.

2. Selon vous, pourquoi est-il important de bien comprendre le sens du mot « aide » appliqué à la femme lors de la création ?

3. Comment voyez-vous la femme du livre des Proverbes au chapitre 31 ? En quoi cette femme vous paraît-elle « moderne » ou au contraire archaïque ?

4. Quelles sont vos idées personnelles sur la préparation au mariage ?

5. Certains estiment que la préparation au mariage nuit à la dimension romantique de la relation dans un couple. Qu'en pensez-vous ?

6. Quel rapport existe-t-il entre la solitude et l'absence d'amour ? Pensez-vous qu'on peut être entouré de monde et se sentir seul ? Comment cela se fait-il ?

7. Est-il possible de ne pas devenir les esclaves des gadgets technologiques de la vie moderne ? Quelles décisions pourraient nous y aider ?

8. Avez-vous jamais songé à la possibilité d'éliminer complètement la télévision du foyer familial ? Quel impact cette décision aurait-elle sur votre vie ? Connaissez-vous des personnes qui n'ont pas de télévision chez eux ?

9. Dans l'Eglise, nul ne devrait se sentir seul. Que peut faire l'Eglise pour que cela devienne une réalité ?

Chapitre 5. Les Fardeaux

Les fardeaux du corps

Je vous encourage donc, frères et sœurs, par les compassions de Dieu, à offrir vos corps comme un sacrifice vivant, saint, agréable a Dieu. Ce sera de votre part un culte raisonnable. Ne vous conformez pas au monde actuel, mais soyez transformés par le renouvellement de l'intelligence afin de discerner quelle est la volonté de Dieu, ce qui est bon, agréable et parfait. Romains 12.1.2

Ne savez-vous pas que vous êtes le temple de Dieu et que l'Esprit de Dieu habite en vous ? Si quelqu'un détruit le temple de Dieu, Dieu le détruira, car le temple de Dieu est saint, et c'est ce que vous êtes. 1 Corinthiens 3.16

Certains éprouvent un amour démesuré pour toute leur personne ; les mots « moi » et « je » reviennent d'une manière inlassable dans toutes leurs conversations. Ils veulent être au centre de toutes les attentions, de toutes les conversations.

Mais il existe aussi des personnes qui se haïssent elles-mêmes, qui ne pensent pas valoir grand-chose, qui ne se sentent pas d'une grande utilité en ce monde.

Ces personnes oublient ou elles ont du mal à croire que Dieu les aime tendrement, tout comme un père, une mère, aime son enfant : « Tout comme un homme est consolé par sa mère, je vous consolerai moi-même ; vous recevrez la consolation dans Jérusalem. » ; « Une femme oublie-t-elle l'enfant qu'elle allaite ? N'a-t-elle pas compassion du fils qui est sorti de son ventre ? Même si elle l'oubliait, moi je ne l'oublierai jamais. »[84]

Dieu ne nous donne pas une vie pour que nous la haïssions. Il ne nous donne pas un corps pour que nous le maltraitions. Même pour des motifs religieux, Il n'y a pas de sagesse au « mépris du corps » :

Si vous êtes morts avec Christ aux principes élémentaires qui régissent le monde, pourquoi, comme si vous viviez dans le monde, vous soumettez-vous à toutes ces règles : 'Ne prends pas ! Ne goûte pas ! Ne touche pas !' Elles ne concernent que des choses destinées à disparaître dès qu'on en fait usage. Il s'agit bien là de commandements et d'enseignements humains ! Ils ont, en vérité, une apparence de sagesse, car ils indiquent un culte volontaire, de l'humilité et le mépris du corps, mais ils sont sans aucune valeur et ne servent qu'à la satisfaction personnelle. Colossiens 2.20-23

En fait, bien des principes ou des commandements bibliques ont un rapport avec la nécessité de bien traiter son propre corps. Les Israélites reçurent des lois précises en ce domaine. Alors que les autres peuples travaillaient chaque jour de la semaine, Dieu donna un jour de repos au peuple d'Israël. Alors que ces peuples ne faisaient aucune distinction entre les aliments sains et les autres, Israël fut astreint à des règles alimentaires dont on perçoit encore de nos jours la valeur médicale. Je note, en passant, que même si certaines viandes ne devaient pas faire partie de l'alimentation des Israélites, ces derniers n'étaient pas végétariens (noter Actes 27.33, 34).

Certains comportements constituent une forme d'autodestruction. Je pense à la colère, l'abus d'alcool, l'orgueil ou les inquiétudes qui ont des effets néfastes sur notre santé et la qualité de notre vie :

Ne te prends pas pour un sage, crains l'Eternel et détourne-toi du mal : cela apportera la guérison à ton corps et un rafraîchissement à tes os. Proverbes 3.7

Ne regarde pas le vin parce qu'il est d'un beau rouge et qu'il fait des perles dans la coupe : s'il s'avale d'un trait, il finit par mordre comme une vipère. Tes yeux auraient alors d'étranges visions et ton cœur exprimerait le dérèglement. Proverbes 23.32

Celui qui parle à la légère blesse comme une épée, tandis que la langue des sages apporte la guérison. Proverbes 12.18

Les paroles agréables sont un rayon de miel : elles sont douces pour l'âme et porteuses de guérison pour le corps. Proverbes 16.24

Un cœur joyeux est un bon remède, mais un esprit abattu dessèche les os. Proverbes 17.22

Jésus rappelle le commandement donné par Dieu à Israël : « Tu aimeras ton prochain comme toi-même ».[85]

Cette parole nous apprend qu'il existe une forme légitime d'amour pour soi. D'où provient cet amour pour soi ? En fait, il prend racine dans le fait que nous sommes enfants d'un Dieu qui nous aime. Nous pouvons aimer parce que nous sommes aimés. L'amour que Dieu a pour nous démontre que nous sommes précieux à ses yeux, que notre vie est d'une grande valeur devant lui : « Quant à nous, nous aimons parce qu'il nous aimés le premier. » (1 Jean 4.19).

Les aveugles voient

Les aveugles voient, les boiteux marchent, les lépreux sont purifiés, les sourds entendent, les morts ressuscitent et la bonne nouvelle est annoncée aux pauvres. Matthieu 11.4, 5

Jésus fait ce qu'aucun homme n'avait pu faire et les multitudes accourent vers lui ; on apporte les malades de partout pour qu'il leur apporte la guérison.[86]

Mais celui qui fait tant de bien parle d'une autre mission qu'il doit accomplir : donner sa vie pour nous : « Le Père m'aime, parce que je donne ma vie afin de la reprendre. Personne ne me l'ôte, mais je la donne de moi-même ; j'ai le pouvoir de la donner et j'ai le pouvoir de la reprendre ; tel est l'ordre que j'ai reçu de mon Père. »[87]

Les miracles accomplis par Jésus démontrent qu'il est le Messie annoncé par les prophètes. Mais ils n'expliquent pas la raison de sa venue.

C'est la mort de Jésus sur la croix, puis sa résurrection et son ascension qui nous permettent de comprendre le sens de sa mission.

Revenons à la Genèse, le premier livre de la Bible. Au moment de la création, tout ce que Dieu fait est « très bon ».[88] L'homme et la femme vivent dans une parfaite harmonie avec Dieu et avec sa création. Ils peuvent manger de tous les arbres que Dieu a placés dans le jardin. Ils sont destinés à ne jamais mourir tant qu'ils restent dans le jardin et qu'ils continuent d'avoir accès à l'arbre de vie.

Mais aujourd'hui la mort règne sur notre monde ; les êtres humains ne vivent plus dans le paradis originel.

Ce changement est intervenu lorsque nos premiers parents ont fait le choix de transgresser l'interdiction divine : « Tu pourras manger les fruits de tous les arbres du jardin, mais tu ne mangeras pas le fruit de la connaissance du bien et du mal, car le jour où tu en mangeras, tu mourras, c'est certain. » (Genèse 2.16).

La mort, l'inconsistance, s'introduisirent dans le monde : « La création a été toute entière soumise à l'inconsistance, non de son propre gré, mais à cause de celui qui l'a soumise. Toutefois, elle a l'espérance d'être elle aussi libérée de l'esclavage de la corruption pour prendre part à la glorieuse liberté des enfants de Dieu. »[89]

Ce texte parle de l'espérance face à la mort. La création porte en elle une « espérance » qui finira par la rendre libre de l' « inconsistance ». Cette espérance concerne tout d'abord les êtres humains : « En effet, le salaire du péché, c'est la mort, mais le don gratuit de Dieu, c'est la vie éternelle en Jésus-Christ notre Seigneur. »[90]

Jésus a été crucifié mais il vit. Il est ressuscité le troisième jour.[91] Il est monté aux cieux afin de régner, afin d'intercéder pour nous : « Je vous écris cela afin que vous ne péchiez pas. Mais si quelqu'un a péché, nous avons un défenseur auprès du Père, Jésus-Christ le juste. » (1 Jean 2.1).

Jesus est aujourd'hui le médiateur par qui nous avons accès à Dieu : « En effet, il y a un seul Dieu et il y a aussi un seul médiateur entre Dieu et les hommes : un homme Jésus-Christ, qui s'est donné lui-même en rançon pour tous. » (1 Timothée 2.3) ; « Christ s'est offert une seule fois pour porter les péchés de beaucoup d'hommes, puis il apparaîtra une seconde fois, sans rapport avec le péché, à ceux qui l'attendent pour leur salut. » (Hébreux 9.28).

Une vision d'espérance

Les fardeaux que nous portons nous rappellent quotidiennement l'inconsistance du monde dans lequel nous vivons. Mais la sagesse biblique ne se limite pas à reconnaître la réalité de cette « inconsistance », de cet état de souffrance et de mort. Elle nous engage à maintenir une vision d'espérance.

Cette vision nous rappelle que l'inconsistance du monde passera : Dieu créera « de nouveaux cieux et une nouvelle terre où la justice habitera».[92]

Nous ne savons pas quand Jésus reviendra ou quand la résurrection des morts aura lieu. La Bible nous dit simplement de nous y préparer. En outre, l'attente du retour de Christ et de la création par Dieu d'une nouvelle terre n'est pas un appel à l'inaction, voire à l'irresponsabilité. Nous devons nous efforcer d'œuvrer pour le bien ; nous devons aussi refuser le désespoir.

Nous devons bien employer les dons mis par Dieu à notre disposition. L'attente du retour du Christ est la source à laquelle nous puisons notre désir de vivre ainsi que l'amour pour autrui ; elle est la source d'inspiration qui nous aide à « porter les fardeaux les uns des autres ».⁹³

L'espérance purifie nos cœurs et nos vies : « Mais nous savons que lorsque Christ apparaîtra, nous serons semblables à lui parce que nous le verrons tel qu'il est. Toute personne qui possède cette espérance en lui se purifie comme lui-même est pur. »⁹⁴

Jésus nous invite à un enseignement de sagesse

Jésus redonne la vue aux aveugles. Il purifie les lépreux. Il ressuscite les morts. Et il donne un enseignement de sagesse auquel il nous invite toutes et tous :

Venez à moi, vous tous qui êtes fatigués et courbés sous un fardeau, et je vous donnerai du repos. Acceptez mes exigences et laissez-vous instruire par moi, car je suis doux et humble de cœur, et vous trouverez le repos pour votre âme. En effet, mes exigences sont bonnes et mon fardeau léger. Matthieu 11. 28, 29

Jésus nous appelle avec douceur et calme. Il ne nous fait pas porter un plus grand fardeau car ses exigences sont bonnes.

Questions sur le Chapitre 5

1. Quel doit être notre comportement face aux gens qui se haïssent eux-mêmes ?

2. A votre avis, pourquoi est-il important de ne pas maltraiter son corps ?

3. Une personne qui se hait elle-même peut-elle

aimer les autres ? Expliquez.

4. Que pouvons-nous faire pour aider celles et ceux qui n'ont aucune estime d'eux-mêmes ?

5. Que pensez-vous de la doctrine selon laquelle Jésus est le seul médiateur entre Dieu et les êtres humains ? Pensez-vous qu'il existe d'autres médiateurs entre Dieu et les êtres humains ?

6. Si l'espérance nous purifie est-ce que le manque d'espérance constitue un obstacle pour se purifier ? Que veut dire Jean par « purifier » ?

Chapitre 6. Les Conflits

Le sage, l'insensé et le méchant

Heureux l'homme qui ne suit pas le conseil des méchants, qui ne s'arrête pas sur la voie des pécheurs et ne s'assied pas en compagnie des moqueurs, mais qui trouve son plaisir dans la loi de l'Eternel et la médite jour et nuit ! Psaumes 1.1,2

Quand l'Eternel approuve les voies d'un homme, il dispose même ses ennemis à faire la paix avec lui. Proverbes 16.7

Ne vous y trompez pas, « les mauvaises compagnies corrompent les bonnes mœurs ». 1 Corinthiens 15.33

Dans le film « Le bon, la brute et le truand » trois personnages très différents sont embarqués dans une même aventure. Dans la vie, nous avons affaire à trois personnages. Ces « trois personnages » correspondent à trois tendances qui se trouvent en chacun de nous mais dont l'une domine chez la plupart des gens.

Ces tendances sont celle du sage, de l'insensé et du méchant.[95]

Les Proverbes fournissent de précieux conseils à celles et ceux qui ont affaire au sage, à l'insensé ou au méchant.

Avant de faire de mention de ces conseils, je note que nous avons souvent tendance à penser que les autres devraient réagir comme nous. Si nous sommes des gens raisonnables ou honnêtes, nous pouvons avoir tendance à croire que ceux qui nous entourent ont les mêmes tendances. Cette manière de comprendre autrui n'est pas du tout réaliste ; elle conduit à des impasses dans les relations interpersonnelles.

Comment la Bible nous aide-t-elle à reconnaître le sage, l'insensé et le méchant ?

Le sage n'est pas quelqu'un qui ne se trompe pas, qui a réponse à tout, qui sait tout. Le sage est capable d'écouter, d'apprendre. Il accepte d'être corrigé, de voir ses erreurs.

En fait, le sage est quelqu'un de humble.

En voici quelques exemples dans les Proverbes : « Que le sage écoute, et il augmentera son savoir ! (…) Il faut être fou pour mépriser la sagesse et l'instruction. » ; « Ne te prends pas pour un sage, crains l'Eternel et détourne-toi du mal. » ; « Ecoutez l'instruction pour devenir sages, ne la négligez pas ! » ; « Donne au sage et il deviendra encore plus sage, enseigne le juste et il augmentera son savoir. » ; « L'homme au cœur sage fait bon accueil aux commandements, mais celui qui parle comme un fou court à sa perte. » ; « Quand vient l'orgueil, vient aussi le mépris, mais la sagesse est avec les humbles. »[96]

Le sage comprend le principe de l'apprentissage par l'erreur. L'insensé croit pouvoir réussir sans avoir à admettre la possibilité de l'erreur ; il se croit sage mais refuse d'apprendre — ce qui fait de lui un insensé. Il ne peut accepter la correction ou les reproches. Il est bien souvent, aux côtés du méchant, le « moqueur » du livre des Proverbes. L'insensé peut changer, mais au prix de beaucoup d'erreurs qu'il aura du mal à admettre. Lorsqu'il se retrouve au fond du trou, l'insensé prend éventuellement conscience de sa condition : « Eloigne-toi de l'homme stupide : ce n'est pas sur ses lèvres que tu aperçois la connaissance. » ; « La folie des hommes stupides, c'est la tromperie. » ; « Les fous se moquent du péché. » ; « L'homme stupide se montre arrogant et plein d'assurance. » ; « Chasse le moqueur et le conflit s'en ira avec lui, la contestation et le mépris prendront fin. » ; « Ne reprends pas le moqueur si tu ne veux pas qu'il te déteste, mais reprends le sage et il t'aimera. »[97]

En fait, l'insensé est pétri d'orgueil.

Le chapitre 26 du livre des Proverbes parle des relations difficiles avec le stupide. Notons ce verset : « Celui qui engage un homme stupide ou le premier venu ressemble à un archer qui blesse tout le monde. »

Le premier « méchant » dont la Bible parle est Caïn qui assassina son frère Abel.[98]

Qu'en est-il du méchant ? Il a le cœur rempli de haine et de méchanceté. Il fait partie de ces gens qui veulent détruire les autres et sont prêts à tout pour cela. Nous trouvons souvent dans cette catégorie des individus assoiffés de pouvoir dont l'ascension sociale n'a pour but que d'assouvir cette soif. Ces gens sont capables de tout pour atteindre leurs objectifs. Ils peuvent même devenir des meurtriers. En somme, ils sont dangereux !

Nombreux sont celles ou ceux qui subissent quotidiennement des sévices de la part d'un conjoint. Toutefois, selon les chiffres de l'Observatoire national de la délinquance (OND), le nombre de victimes chez les femmes est plus important et avoisinerait 400.000 femmes contre 136.000 hommes en 2012.[99]

En France, une femme meurt tous les trois jours sous les coups de son conjoint ![100] Un site internet du gouvernement français répond aux questions sur ce sujet.[101]

Les femmes ou les hommes frappés, maltraités, dans notre pays le sont aux mains du « méchant » mentionné dans la Bible : « L'Eternel examine le juste : il déteste le méchant et celui qui aime la violence. » (Psaumes 11.5).

Voici quelques extraits des Proverbes à propos du méchant : « Celui qui reprend le méchant s'attire ses insultes » ; « le méchant est attentif à la lèvre injuste, le menteur prête l'oreille à la langue criminelle. » ; « Les trésors acquis par la méchanceté ne sont d'aucun profit, mais la justice délivre de la mort. » ; « La bouche du juste est une source de vie, mais la violence accompagne tout ce que disent les méchants. » ; « La haine fait surgir des conflits, alors que l'amour couvre toutes les fautes. » ; « Celui qui dissimule la haine a des lèvres menteuses, et celui qui propage des racontars est stupide. » ; « La langue du juste est un argent affiné, mais le cœur des méchants ne vaut pas grand-chose. » ; « Ce que redoute le méchant, c'est ce qui lui arrive. » ; « Quand la tempête passe, le méchant disparaît, tandis que le juste a un fondement éternel. »[102]

Faut-il éviter tout conflit ?

Dès ce jour, ils tinrent conseil pour le faire mourir. Jean 11.53

La sagesse enseignée par le Christ n'est pas une absence de conviction, une neutralité bienveillante face au mal ou face aux injustices. Elle exige que nous fassions des choix entre ce qui est vrai ou faux, bien ou mal, juste ou injuste.

La sagesse ne consiste pas à vivre de manière à éviter tout conflit. Jésus connut bien des conflits : « Ils se mirent à observer Jésus et ils envoyèrent des hommes qui faisaient semblant d'être des justes pour le prendre au piège de ses propres paroles, afin de le livrer au pouvoir et à l'autorité du gouverneur. »

Jésus est appelé le « prince de la paix ».[103] Il enseigne en disant : « heureux sont ceux qui procurent la paix, car ils seront appelés fils de Dieu. »[104] Pourtant, il met en garde ses disciples, en disant : « Ne croyez pas que je sois venu apporter la paix sur la terre ! Je ne suis pas venu apporter la paix, mais l'épée ! »[105]

Les apôtres ne sont pas partis en mission avec une épée ou des armes à la main. Mais l'œuvre de Jésus apporte l'épée de deux manières.

Tout d'abord, Jésus envoie ses disciples armés d'une épée spirituelle, celle de l'Evangile, la parole de Dieu.

En effet, la parole de Dieu est vivante et efficace, plus tranchante, pénétrante jusqu'à séparer âme et esprit, jointures et moelles ; elle juge les sentiments et les pensées du cœur. Aucune créature n'est cachée devant lui : tout est nu et découvert aux yeux de celui à qui nous devons rendre compte. Hébreux 4.12

La parole de Dieu est une épée contre le mal car elle montre aux hommes leur égarement et leurs fautes.

Jésus « apporte l'épée » car ses disciples vont devoir faire face à l'opposition, voire la persécution :

Si le monde vous déteste, sachez qu'il m'a détesté avant vous. Si vous étiez du monde, le monde vous aimerait car vous seriez à lui (…) Souvenez-vous de la parole que je vous ai dite : 'Le serviteur n'est pas plus grand que son seigneur.' S'ils m'ont persécuté, ils vous persécuteront aussi ; s'ils ont gardé ma parole, ils garderont aussi la vôtre. Jean 15.18, 20

La sagesse est une belle chose mais elle ne s'obtient pas sans lutte, sans effort. Elle nous dit d'aimer, de faire le bien, de prier pour tous les hommes, même pour ceux qui méprisent le message de Dieu.[106]

Cela signifie-t-il que le chrétien devrait taire sa foi, ne pas la mentionner lorsque cette foi n'est pas du goût de tout le monde ? Dans ce cas l'obligation du silence voudrait dire que l'enseignement de Jésus n'est pas valable pour tous, qu'il n'apporte pas une sagesse à tous les hommes, à toutes les femmes.

Mais pourquoi voulons-nous annoncer l'Evangile ? Est-ce pour en retirer quelque avantage personnel ?

Supposons que nous voyons une personne qui s'avance, sans le savoir, vers un précipice. Pourquoi voudrions-nous avertir cette personne ? Quel avantage pourrions-nous en retirer si ce n'est d'avoir sauvé une personne de la mort ?

Nous allons tous mourir. Mais la mort n'est pas la fin de notre existence. Devant nous se dresse l'éternité ! Une éternité que nous passerons dans la lumière de l'amour de Dieu ou dans les ténèbres du désespoir et du regret.[107] Voilà pourquoi Jésus annonce lui-même l'Evangile. Voilà pourquoi il nous envoie dans le monde pour l'annoncer. Nous sommes prévoyants pour quelques années de retraite. Est-il sage de négliger l'éternité qui nous attend ?

Jésus aurait pu se taire et ses apôtres auraient pu faire de même. Mais ils ont choisi de parler. Le chrétien doit lui aussi être prêt à partager la bonne nouvelle mais il doit le faire « avec douceur et respect ».[108] La vérité doit être prêchée avec amour.[109]

Ceux qui procurent la paix

Heureux ceux qui procurent la paix, car ils seront appelés fils de Dieu ! Matthieu 5.9

La tromperie est dans le cœur de ceux qui méditent le mal, mais la joie est pour ceux qui conseillent la paix. Proverbes 12.20

Ainsi donc, recherchons ce qui contribue à entretenir la paix et à nous faire grandir mutuellement dans la foi. Romains 14.19

Si cela est possible, dans la mesure où cela dépend de vous, soyez en paix avec tous les hommes. Romains 12.18

Les conflits et les guerres sont un mal pour le genre humain. Mais ces conflits et ces guerres proviennent, à la base, d'une révolte contre Dieu et contre la vérité :

D'où viennent les conflits et d'ou viennent les luttes parmi vous ? N'est-ce pas de vos passions qui combattent dans vos membres ? Vous désirez et vous ne possédez pas ; vous êtes meurt-

riers et jaloux, et vous ne pouvez rien obtenir ; vous avez des luttes et des conflits. Vous ne possédez pas parce que vous ne demandez pas. Quand vous demandez, vous ne recevez pas parce que vous demandez mal, dans le but de satisfaire vos passions.

Vivre en paix avec les autres constitue une exigence du Christ. Celui-ci avertit ses disciples en disant : « Le sel est une bonne chose, mais s'il perd sa saveur, avec quoi la lui rendrez-vous ? Ayez du sel en vous-mêmes et soyez en paix les uns avec les autres. »[110]

Vivre en paix avec tous les hommes n'est pas une chose simple. Idéalement, les relations humaines ne devraient pas être à sens unique. Pourtant, il arrive qu'elles le soient ! Et c'est une réalité avec laquelle nous devons vivre.

Vivre selon la sagesse n'est pas une garantie de bonheur immédiat ou d'absence de souffrances ou d'opposition. Etre vainqueur du mal par le bien n'est pas chose facile ![111] Nous ne devons pas vivre dans l'illusion qu'en étant fidèles au Christ, qu'en aimant autrui, nous serons aimés ou approuvés. Paul écrit ces paroles : « Maintenant, est-ce la faveur des hommes que je recherche ou celle de Dieu ? Est-ce que je cherche à plaire aux hommes ? Si je plaisais encore aux hommes, je ne serais pas serviteur de Christ. »[112]

Sachons, toutefois, qu'avec le Christ nous pouvons faire face au rejet des hommes sans perdre la joie : « Je vous ai dit cela afin que ma joie demeure en vous et que votre joie soit complète. »[113]

Chercher l'homme de paix

Dites d'abord : « Que la paix soit sur cette

maison ! » Luc 10.5

Jésus envoie ses disciples en mission et leur recommande d'aller vers ceux qui les accueilleront.[114] Il ajoute : « Lorsqu'on ne vous accueillera pas et qu'on n'écoutera pas vos paroles, sortez de cette maison ou de cette ville… ». Jésus dit aussi : « Dans toute maison où vous entrerez, dites d'abord : 'Que la paix soit sur cette maison !' Et s'il se trouve là un homme de paix, votre paix reposera sur lui ; sinon, elle reviendra sur vous. »[115] ; « Quand on vous persécutera dans une ville, fuyez dans une autre. »[116]

Les disciples sont envoyés pour annoncer une bonne nouvelle, une nouvelle qui peut réconcilier les hommes avec Dieu et leur apporter la joie et la paix. Lorsque cette bonne nouvelle est rejetée, lorsqu'elle produit une réaction de mépris ou de haine, ceux ou celles qui l'annoncent doivent se retirer.

Les disciples se doivent d'annoncer la vérité mais Jésus ne leur demande pas de convaincre ou de convertir ; Dieu seul a le pouvoir et la prérogative de changer le cœur, de faire en sorte que les gens se tournent vers lui.[117]

Celles et ceux qui annoncent la bonne nouvelle sont comparables à des gens qui sèment une semence sur différentes terres.[118] L'état de ces terres représente la condition du cœur humain. Certaines terres sont remplies de ronces, d'autres de cailloux. Certaines terres produisent une maigre récolte, d'autres une récolte abondante.[119]

l'Evangile est la seule puissance qui puisse changer le cœur humain : « En effet, je n'ai pas honte de l'Evangile de Christ : c'est la puissance de Dieu pour le salut de tout homme qui croit, du Juif d'abord, mais aussi du non-Juif. » (Romains 1.16).

Ceux qui entendent la parole de Dieu doivent la

recevoir avec foi : « Sans la foi, il est impossible d'être agréable à Dieu, car il faut que celui qui s'approche de lui croie que Dieu existe et qu'il récompense ceux qui le cherchent. » (Hébreux 11.6).

Dieu désire que tous viennent à lui : « Il fait preuve de patience envers nous, voulant qu'aucun périsse mais que tous parviennent à la repentance. »[120]

Le pouvoir et le service

En effet, le fils de l'homme est venu non pour être servi, mais pour servir et donner sa vie en rançon pour beaucoup. Matthieu 10.45

La question du pouvoir est celle qui pose le plus de défis aux êtres humains dans leurs relations interpersonnelles. Or, Jésus est venu fonder une communauté (une Eglise) dans laquelle les relations de pouvoir sur les autres disparaissent pour faire place à des relations de service les uns aux autres.

Cet aspect de l'enseignement du Christ était difficile à comprendre pour ses plus proches disciples. Les évangiles montrent à quel point il est « instinctif » pour les êtres humains de voir les rapports humains sous l'angle du pouvoir que l'on exerce sur les autres ou que l'on subit :

Ils arrivèrent à Capernaüm. Lorsqu'il fut dans la maison, Jésus leur dit : « De quoi discutiez-vous en chemin ? » Mais ils gardèrent le silence, car en chemin ils avaient discuté entre eux pour savoir qui était le plus grand. Alors il s'assit, appela les douze et leur dit : « Si quelqu'un veut être le premier, il sera le dernier de tous et le serviteur de tous. » (Marc 9.33-35).

Les apôtres se taisent car ils savent qu'ils se sont égarés en se demandant qui est le plus grand d'entre eux.

La question du pouvoir pose un défi quotidien. Je note, par exemple, l'exhortation de Paul aux chrétiens de la ville de Philippe:

Que votre attitude soit identique à celle de Jésus-Christ : lui qui est de condition divine, il n'a pas regardé son égalité avec Dieu comme un butin à préserver, mais il s'est dépouillé lui-même en prenant une condition de serviteur, en devenant semblable aux êtres humains. Philippiens 2.1-7

Ce texte met en avant l'exemple de Jésus comme modèle à suivre. Dieu nous appelle à être des serviteurs, des servantes et non des gens qui veulent dominer les autres. Cela ne signifie nullement que nous ne pouvons pas exercer de hautes responsabilités. Jésus était roi, mais il agissait comme un serviteur. Nous devons être motivés par le désir de servir Dieu et autrui.

Les autorités humaines

Les autorités humaines s'opposent parfois à la vérité biblique et au mode de vie qui en découle. Ainsi, face aux interdictions des autorités, les apôtres persistèrent à prêcher le Christ : « Alors ils les appelèrent et leur interdirent absolument de parler ou d'enseigner au nom de Jésus. Pierre et Jean leur répondirent : "Est-il juste, devant Dieu, de vous écouter, vous, plutôt que Dieu ?" ».[121]

Il est évident que les chrétiens souffrent lorsqu'ils doivent vivre sous des lois hostiles à Jésus et à ses enseignements. Cependant, la Bible enseigne que la survie du peuple de Dieu ne dépend pas des lois en vigueur ou des orientations sociales. La totalité du livre de l'Apocalypse, qui traite principalement des persécutions chrétiennes, est consacrée à ce thème.[122]

En étant authentiquement fondée sur l'Evangile, l'Eglise est une force pour le bien — et ce quelles que soient les conditions sociales ou économiques dans lesquelles elle se trouve. Elle est « sel » de la terre, comme le dit Jésus (Matthieu 5.13). Le sel préserve mais il donne aussi du goût. Ainsi, la société toute entière peut être « salée » par la présence du peuple de Dieu sans que, pour autant, cette société adhère à toutes les convictions, à toutes les actions de ce peuple.

En ce qui concerne la société dans laquelle nous vivons, Dieu nous demande d'avoir à cœur le bien-être de tous. Nous devons prier « pour tous les hommes », pour l'ensemble de la société dans laquelle nous vivons et pour celles et ceux qui la gouvernent :

> **J'encourage donc avant tout à faire des demandes, des prières, des supplications, des prières de reconnaissance pour tous les hommes, pour les rois et pour tous ceux qui exercent l'autorité, afin que nous puissions mener une vie paisible et tranquille, en toute piété et en tout respect. Voilà ce qui est bon et agréable devant Dieu notre Sauveur, lui qui désire que tous les hommes soient sauvés et parviennent à la connaissance de la vérité. 1 Timothée 2.1-3**

Jésus appelle ses disciples à rester fidèles à leurs convictions ; à faire connaître publiquement ces convictions car c'est pour cela que Jésus les envoie en mission :

Tout pouvoir m'a été donné dans le ciel et sur la terre. Allez donc, faites de toutes les nations des disciples, baptisez-les au nom du Père, du Fils et du Saint-Esprit et enseignez leur à mettre en pratique tout ce que je vous ai prescrit. Et moi, je suis avec vous tous les jours, jusqu'à la fin du monde. Matthieu 28.18-20

Dans le sermon sur la montagne, qui se présente comme une voie de sagesse, Jésus enseigne que la sagesse consiste à maintenir ses convictions malgré l'opposition. Celui qui maintient ses convictions construit sa maison sur le roc :

Heureux ceux qui sont persécutés pour la justice, car le royaume des cieux leur appartient ! Heureux serez-vous lorsqu'on vous insultera, qu'on vous persécutera et qu'on dira faussement de vous toute sorte de mal à cause de moi. Réjouissez-vous et soyez dans l'allégresse, parce que votre récompense sera grande au ciel. En effet, c'est ainsi qu'on a persécuté les prophètes qui vous ont précédés. (Matthieu 5.10, 11).

Questions sur le Chapitre 6

1. Parlez des différences entre l'insensé et le méchant. Est-ce que dans votre expérience ces trois catégories existent : le sage, l'insensé, le méchant ? Comment reconnaît-on les uns des autres ?

2. Comment comprenez-vous l'apprentissage

par l'erreur. Est-ce une notion répandue autour de vous ? Ou bien, est-ce que l'erreur doit être évitée à tout prix et même doit être cachée si possible ?

3. Pour vous, que signifie la parole de Jésus : « Je ne suis pas venu apporter la paix, mais l'épée ! »

3. Quel est le lien entre les conflits et le péché ? Peut-il exister des conflits qui n'impliquent pas de péché ?

Chapitre 7. La Solidité

L'importance de la Bible

Que ce livre de la loi ne s'éloigne pas de toi ! Médite-le jour et nuit pour agir avec fidélité conformément a tout ce qui y est écrit, car c'est alors que tu auras du succès dans tes entreprises, c'est alors que tu réussiras. Josué 1.8

Ainsi la foi vient de ce qu'on entend et ce qu'on entend vient de la Parole de Dieu. Romains 10.17

La Bible est un bienfait que Dieu offre à tout le monde. Nul ne devrait être privé de la parole de Dieu car elle a été donnée pour que nous puissions être préparés à toute bonne œuvre :
« Toute Ecriture est inspirée de Dieu et est utile pour enseigner, pour convaincre, pour corriger, pour instruire dans la justice, afin que l'homme de Dieu soit formé et équipé pour toute bonne œuvre ».[123]

Certains diront que les textes bibliques sont très anciens et que, par conséquent, leur valeur est dépassée. Mais il s'agit-là d'une forme de « snobisme chronologique » (expression de C.S. Lewis[124]) qui nous rend aveugles à ce que les générations passées ont apporté au genre humain.

Nous continuons aujourd'hui à bénéficier de multiples choses qui remontent à un passé très lointain : des méthodes d'agriculture anciennes souvent plus saines et productives que celles pratiquées de nos jours ; des plats succulents que l'on préparait déjà il y a des milliers d'années ; des musiques très anciennes et qui continuent à toucher notre âme.

La parole de Dieu est ancienne mais elle a été donnée pour bénir les êtres humains à travers les âges. Ainsi, de nos jours, des hommes et des femmes vivant sur tous les continents sont les lecteurs de plus en plus nombreux de la Bible. Elle leur donne la force d'aimer et d'espérer, un code de vie qui apporte amour et stabilité à leurs familles ainsi qu'à leurs communautés. Ils trouvent dans la parole de Dieu, au plus profond de leur cœur, une vérité qui rassasie leurs aspirations les plus profondes.

Le texte biblique demeure le critère auquel il nous faut toujours revenir : « Ils accueillirent la parole avec beaucoup d'empressement, et ils examinaient chaque jour les Ecritures pour voir si ce qu'on leur disait était exact. »[125] C'est à nos risques et périls que nous restons ignorants des Ecritures : « Faites tous vos efforts afin d'ajouter à votre foi la qualité morale, à la qualité morale la connaissance, à la connaissance la maîtrise de soi, à la maîtrise de soi la persévérance, à la persévérance la piété, à la piété l'amitié fraternelle, à l'amitié fraternelle l'amour.»[126]

L'acquisition d'une meilleure connaissance de la volonté de Dieu à travers les textes bibliques doit rester l'une des préoccupations majeures du chrétien.

La connaissance ne suffit pas

La connaissance des textes bibliques est nécessaire à l'acquisition de la sagesse, mais elle ne suffit pas. Nous devons aussi mettre en pratique les enseignements de la sagesse.[127] Ces enseignements doivent nous conduire à une vie de communion parfaite avec celui qui nous dit : « Je suis venu afin que les brebis aient la vie et qu'elles l'aient en abondance ».[128]

La parole de Dieu donne accès à la solidité

En effet, vous êtes nés de nouveau, non pas d'une semence corruptible, mais d'une semence incorruptible, grâce à la parole vivante et permanente de Dieu, car toute créature est comme l'herbe et toute sa gloire comme la fleur des champs. L'herbe sèche et la fleur tombe, mais la parole du Seigneur subsiste éternellement. Cette parole est justement celle qui vous a été annoncée par l'Evangile. 1 Pierre 1.23, 24

La parole de Dieu est vivante et permanente. Tout le reste est voué à périr, à disparaître. La parole de Dieu — l'Evangile — est la seule parole solide sur laquelle nous puissions compter en ce monde. Jésus le dit dans le sermon sur la montagne : bâtir sur cette parole est la seule manière de s'assurer un avenir solide. C'est cette parole qui nous permet de connaître Dieu et de bâtir notre vie sur celui qui est « le rocher ».

Bâtir sur le rocher

Il est le rocher. Ce qu'il accomplit est parfait, car toutes ses voies sont justes. C'est un Dieu fidele et dépourvu d'injustice, il est juste et droit. Deutéronome 32.4

Les uns s'appuient sur leurs chars, les autres sur leurs chevaux ; nous nous célébrons l'Eternel, notre Dieu. Eux, ils plient et tombent ; nous, nous tenons ferme, nous restons debout. Psaumes 20.8

Dès ma naissance je m'appuie sur toi : c'est toi qui m'a fait sortir du ventre de ma mère. Tu es sans cesse l'objet de mes louanges. Psaumes 71.6

Or la foi, c'est la ferme assurance des choses qu'on espère, la démonstration de celles qu'on ne voit pas. Hébreux 11.1

Construisons sur le rocher chaque jour de notre vie ! N'attendons pas pour cela que survienne l'adversité : « Qui est Dieu en dehors de l'Eternel, et qui est un rocher, sinon notre Dieu ? » ! (Psaumes 18.31).

La personne qui bâtit sur ce rocher verra s'ouvrir de nouveaux chapitres d'espérance dans son existence, de nouvelles occasions pour approfondir sa relation personnelle avec Dieu et avec le prochain. Elle découvrira des possibilités pour grandir sur le chemin qui conduit à la vie éternelle — une vie qui sera sans larmes, sans peines et sans regrets et sur laquelle la mort elle-même n'aura pas d'emprise.

« En effet, l'Agneau qui est au milieu du trône prendra soin d'eux et les conduira aux sources des eaux de la vie, et Dieu essuiera toute larme de leurs yeux. » (Apocalypse 7.17)

« Il essuiera toute larme de leurs yeux, la mort ne sera plus et il n'y aura plus ni deuil, ni cri, ni douleur, car ce qui existait avant a disparu. » (Apocalypse 21.4)

L'agneau nous conduira.

C'est par lui que nous avons accès à l'espérance. Il a fait face à l'adversité. Il a subi les insultes et les douleurs de la croix. Mais il est sorti vivant du tombeau le troisième jour et a été vu par de nombreux témoins (1 Corinthiens 15.1-8). Sa résurrection a rendu ses apôtres capables d'affronter l'opposition d'un monde hostile.

C'est par sa résurrection que vient la certitude de notre propre résurrection : « En effet, puisque la mort est venue à travers un homme, c'est aussi à travers un homme qu'est venue la résurrection des morts. Et comme tous meurent en Adam, de même aussi tous revivront en Christ. »[129]

L'espérance

En effet, nous avons été informés de votre foi en Jésus-Christ et de l'amour que vous avez pour tous les saints à cause de l'espérance qui vous est réservée au ciel. Cette espérance, vous en avez déjà entendu parler par la parole de la vérité, l'Evangile. Il est parvenu jusqu'à vous tout comme dans le monde entier, où il porte des fruits et progresse. Colossiens 1.3, 4

L'espérance produira du fruit dans notre vie.

Cette espérance ne consiste pas à se priver des bénédictions que Dieu accorde en cette vie. Nous pouvons jouir de tous les bienfaits, toutes les joies, que Dieu nous accorde en ce monde : « Tout ce que Dieu a créé est bon et rien ne doit être rejeté, pourvu qu'on le prenne dans une attitude de reconnaissance, car cela est rendu saint par la parole de Dieu et la prière. »[130]

N'oublions jamais que ce monde est temporaire,

qu'il n'est que « fumée », « inconsistance ». N'oublions pas que c'est un monde abîmé par le mal, par la mort, un pauvre reflet du monde céleste, de la cité céleste préparée par Dieu, celle qui a de solides fondations.[131]

Nous disons « oui » à l'espérance de la vie éternelle et de la résurrection en croyant aux paroles de Jésus, en mettant notre confiance en celui qui est mort pour nous.

Nous disons aussi « oui » à cette espérance par la repentance qui est un changement d'attitude et de manière de penser ; changement par lequel nous nous tournons vers Dieu et le recherchons.

Nous disons aussi « oui » à cette espérance par le baptême dans lequel nous déclarons notre foi et notre repentir :

Changez d'attitude et que chacun de vous soit baptisé au nom de Jésus-Christ pour le pardon de vos péchés, et vous recevrez le don du Saint-Esprit. En effet, la promesse est pour vous, pour vos enfants et pour tous ceux qui sont au loin, en aussi grand nombre que le Seigneur notre Dieu les appellera (…)

Ceux qui acceptèrent sa parole furent donc baptisés et, en ce jour-là, le nombre des disciples augmenta d'environ 3000 personnes. Ils persévéraient dans l'enseignement des apôtres, dans la communion fraternelle, dans la fraction du pain et dans les prières.
Actes 2.38, 39, 41,42

La vocation du peuple de Dieu est d'être un avant-goût du monde céleste ; un avant-goût du monde solide que Dieu a préparé. C'est au milieu de ce peuple que l'on apprend à vivre dans l'amour, la reconnaissance, la paix, la joie.

L'amour ne meurt jamais (…)

Aujourd'hui nous voyons au moyen d'un miroir, de manière peu claire, mais alors nous verrons face à face ; aujourd'hui je connais partiellement, mais alors je connaitrai complètement, tout comme j'ai été connu (…)

Maintenant donc ces trois choses restent : la foi, l'espérance, l'amour ; mais la plus grande des trois, c'est l'amour.

1 Corinthiens 13.8, 12,13

Questions sur le Chapitre 7

1. La Bible est un livre ancien. Est-ce que ce fait diminue sa valeur actuelle ?
2. Pourquoi Dieu nous demande-t-il de grandir dans la connaissance ?
3. Quelles idées sont évoquées par l'image du rocher ?
4. Est-ce que l'espérance implique que nous devons nous retirer du monde ou nous en désintéresser?
5. Comment dit-on « oui » à l'espérance ? Pensez-vous que le baptême fait partie de l'annonce de l'Evangile ? Expliquer.
6. Pourquoi est-il important de se souvenir que la vocation du peuple de Dieu est d'être un avant-goût du monde céleste ?

Chapitre 8.
l'Éternité

La sagesse s'est faite homme

L'Eternel me possédait au commencement de son activité, avant ses œuvres les plus anciennes. J'ai été établie depuis l'éternité, dès le début, avant même que la terre existe. Proverbes 8.22

Au commencement, la Parole existait déjà. La Parole était avec Dieu et la Parole était Dieu. Elle était au commencement avec Dieu. Tout a été fait par elle et rien de ce qui a été fait n'a été fait sans elle. Jean 1.1-3

Et la Parole s'est faite homme, elle a habité parmi nous, pleine de grâce et de vérité, et nous avons contemplé sa gloire, une gloire comme celle du Fils unique venu du Père. Jean 1.14

La sagesse à l'origine du monde, à l'origine de l'univers infini et mystérieux dans lequel nous vivons — cette sagesse « s'est faite homme » : « Elle a habité parmi nous pleine de grâce et de vérité, et nous avons contemplé sa gloire. »[132]

En elle nous trouvons la vie éternelle.

Dieu nous invite à la vie éternelle et cette vie débute par une nouvelle naissance, une naissance de

79

l'Esprit.¹³³ « En réalité, c'est lui qui nous a faits ; nous avons été créés en Jésus-Christ pour des œuvres bonnes que Dieu a préparées d'avance afin que nous les pratiquions. »¹³⁴

Nicodème, docteur de la loi, vient à la rencontre de Jésus pour s'instruire. Jésus lui dit : « Le vent souffle où il veut et tu en entends le bruit, mais tu ne sais pas d'où il vient ni où il va. C'est aussi le cas de toute personne qui est née de l'Esprit. »¹³⁵

Ce docteur de la loi possède une connaissance approfondie des textes bibliques. Il est un homme sage. Cependant, pour pouvoir naître de Dieu et voir son royaume, il doit croire en Jésus : « En effet, Dieu a tant aimé le monde qu'il a donné son Fils unique afin que quiconque croit en lui ne périsse pas mais ait la vie éternelle. »¹³⁶

Celles et ceux qui croient en Jésus reçoivent le droit de « devenir enfants de Dieu ». Ils sont nés « non du fait de la nature, ni par une volonté humaine, ni par la volonté d'un mari, mais ils sont nés de Dieu. »¹³⁷

Une nouvelle vie

Ignorez-vous que nous tous qui avons été baptisés en Jésus-Christ, c'est en sa mort que nous avons été baptisés ? Par le baptême en sa mort nous avons donc été ensevelis avec lui afin que, comme Christ est ressuscité par la gloire du Père, de même nous aussi nous menions une vie nouvelle. Romains 6.1-3

Paul écrit que le baptême constitue un ensevelissement avec Jésus, une union avec sa mort et sa résurrection qui marque le début d'une nouvelle vie.¹³⁸

Jésus nous invite à renoncer « à la colère, à la

fureur, à la méchanceté, à la calomnie. »[139]

Les disciples de Jésus sont nés de Dieu et cherchent à se conduire non pas avec une sagesse humaine, mais avec la grâce de Dieu.[140] Ils cherchent dans la prière « un esprit de sagesse et de révélation ».[141] Ils se consacrent à être « remplis de la connaissance de sa volonté, en toute sagesse et intelligence spirituelles. »[142] La louange au Seigneur est pour eux source de sagesse.[143]

Jésus leur offre le don du Saint-Esprit.[144] Il leur accorde « un esprit de force, d'amour et de sagesse » ; la force et l'inspiration pour pouvoir vivre dans le temps présent conformément à la sagesse, la justice et la piété ».[145]

L'Esprit vient à leur secours dans l'affliction : « Quant à moi, je prierai le Père et il vous donnera un autre défenseur afin qu'il reste éternellement avec vous : l'Esprit de la vérité, que le monde ne peut pas accepter parce qu'il ne le voit pas et ne le connaît pas. Mais vous, vous le connaissez, car il reste avec vous et il sera en vous ».[146]

L'Esprit de Dieu produit, dans leur cœur, l'amour, la joie, la paix, la patience, la bonté, la bienveillance, la foi, la douceur, la maîtrise de soi (Galates chapitre 5).

La jeunesse

Souviens-toi de ton créateur durant ta jeunesse, avant l'arrivée des jours mauvais, avant d'attendre les années où tu diras : Je n'y prends aucun plaisir. Ecclésiaste 12.1

Jésus grandissait en sagesse, en taille et en grâce devant Dieu et devant les hommes. Luc 2.52

La quête de la sagesse n'est pas plus aisée lorsque vient la vieillesse.

La Bible dit aux jeunes de ne pas attendre. Elle leur dit de choisir dès maintenant le chemin qui mène à la sagesse !

Chacun peut choisir de bâtir aujourd'hui sa maison sur le roc, sur la solidité des paroles de Christ :

C'est pourquoi, toute personne qui entend ces paroles que je dis et les met en pratique, je la comparerai à un homme prudent qui a construit sa maison sur le rocher. La pluie est tombée, les torrents sont venus, les vents ont soufflé et se sont déchaînés contre cette maison ; elle ne s'est pas écroulée, parce qu'elle était fondée sur le rocher. Matthieu 7.24, 25

Je me tiens à la porte

Voici, je me tiens à la porte et je frappe. Si quelqu'un entend ma voix et ouvre la porte, j'entrerai chez lui, je souperai avec lui et lui avec moi. Apocalypse 3.20

Jésus est venu pour réparer et rétablir la dignité de l'être humain.

Son amour est constant.

Jésus tient ses promesses. Il est toujours prêt à écouter. Il réconforte. Il est proche. Il nous donne la force de faire face aux difficultés ainsi qu'aux défis de la vie.

Il se tient à la porte.

Il parle au cœur des êtres humains qui peuplent cette terre et leur dit :

« Je suis le pain de vie. »

« Je suis la lumière du monde. Celui qui me suit ne marchera pas dans les ténèbres, mais il aura au contraire la lumière de la vie. »

« Je suis le bon berger qui donne sa vie pour ses brebis. »

« Je suis venu dans le monde afin que quiconque croit en moi ne reste pas dans les ténèbres. »

« Je suis venu non pour juger le monde, mais pour le sauver. »

« Je suis dans le Père et le Père est en moi. »

« Je suis le cep, vous êtes les sarments. Celui qui demeure en moi et en qui je demeure porte beaucoup de fruit, car sans moi vous ne pouvez rien faire. »

« Si je suis né et si je suis venu dans le monde, c'est pour rendre témoignage à la vérité. »

« C'est moi qui suis la résurrection et la vie. Celui qui croit en moi vivra même s'il meurt ; et toute personne qui vit et croit en moi ne mourra jamais. Crois-tu cela ? »[147]

Questions sur le Chapitre 8

1. Comment débute la vie éternelle ?

2. Comment expliquez-vous la phrase : « Ils ne sont pas nés par une volonté humaine » ?

3. Comment la Bible décrit-elle le baptême ? En quoi cette description nous aide-t-elle a comprendre notre baptême ?

4. Quel Esprit Jésus offre-t-il ?

5. Quel fruit l'Esprit de Dieu doit-il produire dans nos vies ?

6. A votre avis, pourquoi la quête de sagesse n'est-elle pas plus aisée au cours de la vieillesse que pendant la jeunesse ? Est-ce que cela signifie que les personnes âgées ne doivent pas rechercher la sagesse ? Expliquer.

Notes et Références Bibliques

(Pour les références bibliques, Ecclésiaste 2.11 se réfère au livre biblique de l'Ecclésiaste chapitre 2, verset 11 et ainsi de suite pour les autres références bibliques).

1. Ecclésiaste 1.2, 3
2. Ecclésiaste 2.11
3. Ecclésiaste 2.14
4. Ecclésiaste 8.14, 15
5. « Inconsistance » est l'hébreu hebel qui signifie « vapeur », « fumée ». Certaines traductions traduisent le mot par « vanité ».
6. Ecclésiaste 12.1,14
7. Job 30.19,20
8. Job 42.7
9. Lamentations 1.2
10. Voir Le cygne noir : la puissance de l'imprevisible, Nassim Nicholas Taleb (Les Belles Lettres, 2007)
11. Daniel 2.28
12. Daniel 2.27, 28
13. Deutéronome 30.19
14. Matthieu 6.34
15. Matthieu 6.21
16. 1 Timothée 6.6-10
17. 2 Pierre 3.9
18. Romains 3.23
19. http://www.musee-pasteur.com/index.php?id=334
20. http://the_wordbride.tripod.com/origin.html
21. Le mot traduit « habilité » est l'hébreu hakema qui signifie sagesse.
22. Marc 6.3
23. Actes 22.3
24. Actes 18.3
25. Proverbes 24.3 ;
26. Proverbes 31.12
27. Proverbes 31.16
28. Proverbes 31.20
29. Proverbes 31.21
30. Proverbes 31.27, 30

31 Matthieu 22.32
32 Psaumes 24.1
33 Esaïe 55.2
34 Matthieu 5.45
35 Jacques 1.17
36 Job 38.36
37 Jacques 1.5
38 Esaïe 55.1
39 Jacques 1.5
40 Proverbes 1.1, 2, 4.
41 Proverbes 1.5, 7
42 Psaumes 119.13,14
43 Romains 10.17 ; Jacques 1.22-27
44 Matthieu 11.28, 29
45 Daniel 6.11
46 Daniel 2.23
47 Habakuk 2.18
48 Philippiens 4.7
49 Philippiens 4.6,7
50 Exemples : Psaumes 118.24 ; Colossiens 3.17 ; Psaumes 136.1 ; 1 Thessaloniciens 5.18
51 Matthieu 6.9
52 Proverbes 8.5 et 9.16
53 Proverbes 8.1-7
54 Proverbes 8.1-3
55 Proverbes 12.18 ; 15.2, 4 ; 18.21 ; 21.33 ; 25.15 ; 31.26 ; Jacques 1.26 ; 3.5, 6,8
56 Proverbes 8.35
57 Proverbes 10.1
58 Proverbes 10.2
59 Proverbes 10.3
60 Genèse 2.19
61 Genèse 1.27
62 Genèse 2.18
63 Proverbes 31.23 ; 31.25 ; 31.26.
64 Genèse 2.22, 23
65 Matthieu 19.4
66 Matthieu 19.5, 6
67 Ephésiens 5.28, 29
68 Proverbes 6.32, 33
69 Proverbes 6.23, 24
70 Proverbes 10.14,23 ; 11.29 ; 12.15 ; 13.20.

71	Esaïe 54.5 ; Osée 3.1-3 ; Ephésiens 5.25-33 ; Apocalypse 19.7-9
72	Dr James Dobson, L'amour à tout prix, Ed. Foi et Victoire, ISBN : 2-88027-031-6
73	Par exemple le cite web : www.pouvoirdechanger.com
74	« Vivre ensemble avant le mariage favoriserait le divorce ». Le 21 juillet, 2009 (www.20minutes.fr/debats).
75	Linda J. Waite and Maggie Gallagher, The Case for Marriage (New York : Broadway Books, 2001)
76	1 Corinthiens 7.7
77	Matthieu 5.27-28 ; 21-22
78	Romains 13. 9,10
79	Jacques 5.4
80	Jacques 5.6
81	Ephésiens 2.19
82	Matthieu 10.29, 30
83	Jean 13.34
84	Esaïe 66.12, 13 ; 49.14,15
85	Marc 12.31 ; Lévitique 19.18
86	Luc 4.40
87	Jean 10.17, 18
88	Genèse 1.31
89	Romains 8.20, 21
90	Romains 6.23
91	Marc 16 ; 1 Corinthiens 15.
92	2 Pierre 3.11-13
93	Galates 6.2
94	1 Jean 3.3
95	Voir Dr. Henry Cloud, Necessary Endings, ch. 7, Harper Business, 2010
96	Proverbes 1.5 ; 3.7 ; 8.33 ; 9.9 ; 10.8 ; 11.2
97	Proverbes 14.7,8,9,16 ; 22.10 ; 9.7
98	Genèse 4
99	Libération, le 23 octobre 2012.
100	« Violences faites aux femmes » 25/11/2012 (http://www.letelegramme.fr/)
101	www.stop-violence-femmes.gouv.fr/
102	Proverbes 9.7 ; 17.4 ; 10.2,11,12,18,20.24,25.
103	Esaïe 9.5
104	Matthieu 5.9
105	Marc 10.34

106 Matthieu 5.43-45
107 Matthieu 22.13 ; 25.30 ; Luc 16.23 ; 2 Thessaloniciens 1.9 ; Apocalypse 14.11 ; 20.14 ; 21.8
108 1 Pierre 3.16
108 Ephésiens 4.15
109 Jacques 4.1, 2
110 Marc 9.50
111 Romains 12.21
112 Galates 1.10
113 Jean 15.11
114 Matthieu 10.1-10
115 Matthieu 10.11 ; Luc 10.5, 6
116 Matthieu 10.23
117 Jean 16.8-10
118 Matthieu 13
119 Matthieu 13.1-9
120 2 Pierre 3.8
121 Actes 4.18,19
122 Max Dauner, Commentaire sur l'Apocalypse de Jean (Editions Horizons Chrétiens, 1985). J.W. Roberts, Commentaire sur l'Apocalypse de Jean (Centre d'enseignement biblique, Genève).
123 2 Timothée 3.16
124 C.S. Lewis, Surprised by Joy, chapter 13.
125 Actes 17.11
126 2 Pierre 1.5, 6
127 Matthieu 28.20
128 Jean 10.10
129 1 Corinthiens 15.20
130 1 Timothée 4.2
131 Hébreux 11.10
132 Jean 1.14
133 Jean 3.6
134 Ephésiens 2.10
135 Jean 3.8
136 Jean 3.16
137 Jean 1.12,13
138 Galates 3.28
139 Colossiens 3.8
140 2 Corinthiens 1.12
141 Ephésiens 1.17
142 Colossiens 1.9

143 Colossiens 3.16
144 Actes 2.37, 38
145 2 Timothée 1.7 ; Tite 2.12
146 Jean 14.16,17
147 Jean 6.48 ; 8.12 ; 10.11 ; 11.25,26 ; 12.46, 47 ; 14.11 ; 15.5 ; 18.37

www.ingramcontent.com/pod-product-compliance
Lightning Source LLC
Chambersburg PA
CBHW071411290426
44108CB00014B/1781